WALTHER BÜHLER

Der Leib als Instrument der Seele

in Gesundheit und Krankheit

VERLAG FREIES GEISTESLEBEN

ISBN 3 7725 0161 3
7. Auflage 1979

Druck: Hain-Druck KG, Meisenheim/Glan

VORWORT

Die vorliegende Schrift ist eine Wiedergabe von vier Vorträgen, die ein Arzt vor Arbeitern und Angestellten eines pharmazeutischen Betriebes gehalten hat. Diese „Werkstunden" wurden mitgeschrieben und ohne wesentliche Änderungen in die Schriftenreihe des „Vereins zur Förderung eines erweiterten Heilwesens e.V. Stuttgart" aufgenommen. Die ursprüngliche Formulierung des gesprochenen Wortes wurde in der Überarbeitung bewußt beibehalten. Wir glauben, daß die lebendige, im besten Sinne populär-wissenschaftliche Ausdrucksweise des Verfassers, mit der er den Laien ein beseeltes Bild des Menschen vor Augen führte, besonders geeignet ist, in weiten Kreisen ein neues Interesse und Verständnis zu wecken für das noch immer unbekannte Wesen: Mensch!

Die Vorträge möchten denjenigen Zeitgenossen eine geisteswissenschaftlich begründete Anschauung vom Menschen vermitteln, welche die Gefahren sehen, die trotz aller Fortschritte mit der zunehmenden Veräußerlichung unserer Zivilisation der ganzen Menschheit erwachsen.

Den drängenden Fragen der Zeit kann sich niemand entziehen. Es sind Fragen der Lebens- und Berufsgestaltung, der Ernährung, des Gemeinschaftslebens, des Schicksals und der Krankheit, kurz – Fragen einer Hygiene des Lebens im umfassenden Sinne. Wo sind die Maßstäbe, wo die Gesichtspunkte, an denen wir uns im Chaos der heutigen Lebenshast und der überalterten oder widerstreitenden Begriffe orientieren können? Die Instinkte, die bisher die Menschheit getragen haben, sind erloschen. Auch die „Berufenen" leiden vielfach unter der Einengung des Bewußtseins durch materialistische Vorstellungen. Niemand sollte heute die Verantwortung für die angedeuteten Lebensfragen von sich schieben und die Entscheidung

allein dem „Fachmann“ oder irgendwelchen Institutionen überlassen. Wir sind alle zu Suchenden geworden!
Daher sind wegweisende Darstellungen, wie die hier vorliegenden, von großem Wert. Vor allem wollen sie auch den Kranken ein Menschenbild zeigen, welches sein Verständnis für die Krankheit und für eine natur- und geistgemäße Therapie weckt und zu einer Gesundung der Lebensführung anzuregen vermag. Gerade hiernach besteht in Laienkreisen ein großes, viel zu wenig gestilltes Bedürfnis.
So geben wir diese „Sozial-Hygienische Schriftenreihe“, die durch dieses Büchlein eröffnet wird, heraus, in der Hoffnung, daß sie allen eine Hilfe sein möge, denen nicht nur die leibliche, sondern die seelische und geistige Hygiene ein innerstes Anliegen ist. Auch möchten wir annehmen, daß dadurch vor allem Erzieher, Therapeuten, Schwestern und Mütter Wege zu einem vertieften Verständnis ihrer Tätigkeit am hilfsbedürftigen Menschen finden werden.
Der Weleda AG. (Arlesheim/Schweiz - Schwäb. Gmünd), die durch die Einrichtung der Werkstunden und durch deren Nachschrift diese Veröffentlichung ermöglichte, möchten wir an dieser Stelle unseren Dank aussprechen. Ebenso danken wir allen Persönlichkeiten, die durch Spenden an den Verein zu der Herausgabe beigetragen haben.

Dr. H. H. Vogel

Für den Vorstand
des Vereins für ein erweitertes Heilwesen

GELEITWORT

Die „Arbeitsgemeinschaft anthroposophischer Ärzte" sieht ihre Aufgabe darin, die von Rudolf Steiner begründete geisteswissenschaftliche Medizin in Forschung und Praxis zu pflegen. Sie gibt zu diesem Zwecke für Ärzte die Zeitschrift „Beiträge zu einer Erweiterung der Heilkunst nach geisteswissenschaftlichen Erkenntnissen" heraus. Das tiefberechtigte Bedürfnis, gesundheitliche und menschenkundliche Zusammenhänge zu verstehen, hat aber – über den Kreis der Ärzteschaft hinaus – jeder heutige Mensch. Nur zu oft muß sich dieses Bedürfnis aus Mangel an besseren Darstellungen durch sensationelle oder materialistisch gefärbte Schriften befriedigen. Demgegenüber ein wahres medizinisches Verständnis zu fördern, stellt auch eine ärztliche Aufgabe dar, denn solches Verständnis ist eine der Wurzeln für das notwendige Vertrauensverhältnis zwischen Arzt und Patient. In diesem Sinne wird die Arbeit von Dr. med. W. Bühler von uns dankbar begrüßt. Wir wünschen der Schrift viele aufgeschlossene Leser!

Für die Arbeitsgemeinschaft anthroposophischer Ärzte

Dr. med. Walter Holtzapfel

INHALTSANGABE

I. Die Dreigliederung des menschlichen Organismus

Verehrte Zuhörer!

Der Mensch ist ein Wesen, das über die übrigen Naturreiche hinausragt – weniger durch die Vollkommenheit seiner leiblichen Gestalt als durch das, was er an Innenleben, an seelisch-geistigem Leben, an Bewußtseinskraft und Vernunft in sich trägt. Durch diese inneren Begabungen geht er einen besonderen Entwicklungsweg, beherrscht die Natur und sucht sein Schicksal zu meistern und zu gestalten. Und doch sind alle seine seelisch-geistigen Fähigkeiten, die im Selbstbewußtsein sich krönen, gebunden an seinen Organismus, und sein eigenes Schicksal ist daher weitgehend abhängig vom richtigen Funktionieren seines Leibes, von Gesundheit und Krankheit.

Im Hinblick auf diesen Zusammenhang wird die uralte Menschheitsfrage immer wieder neu gestellt: Wie lebt eigentlich die menschliche Seele im Leibe, wie findet sich diese Seele in ihm zurecht? Oder man fragt auch: wo oder welches Organ ist der Sitz der Seele? Wir wollen versuchen, uns von der ärztlichen Seite her über diese Fragen einige grundlegende Gedanken zu machen. Denn von dem Bild, das wir uns von uns selber machen können, hängt in vieler Hinsicht ab, wie wir unsere Gesundheit pflegen und unser Leben führen können, wie wir uns hineinstellen in den Kreis der Familie und Freunde oder in die ganze Menschheit.

Die Ansichten über den Zusammenhang von Leib und Seele haben sich im Laufe der Zeiten sehr geändert, und Sie wissen vielleicht alle, daß die medizinische Forschung, die Anatomie, die Physiologie und alle Wissenschaftszweige, die es da gibt, in den letzten Jahrzehnten immer mehr zu der Ansicht kamen: das Gehirn ist der Sitz der Seele. Das hängt damit zusammen, daß wir sehen, wie in dem Maße, wie irgendwelche Prozesse im Gehirn ausfallen oder nicht richtig funktionieren, das menschliche Bewußtsein gestört wird oder unter Umständen schlagartig erlischt. Denken Sie daran, daß, wenn etwa das Gehirn bei zu niedrigem Blutdruck nicht genügend durchblutet ist und vielleicht noch etwas schlechte Luft in einem Raume dazukommt, es zu einer Ohnmacht kommen kann, nur weil das Gehirn schlecht durchblutet ist. Alle anderen Organe funktionieren vielleicht sehr gut, und der ganze Mensch gerät trotzdem in einen schlafähnlichen Zustand, aus dem Sie ihn aber mit den gewöhnlichen Mitteln nicht aufwecken können; jedenfalls ist sein Denken, sein Fühlen und Wollen und damit sein ganzes seelisches Menschsein vorübergehend ausgelöscht. Alle solche Phänomene oder andere, wie etwa im Alter, wenn man sieht, wie die verkalkten und verengten Gehirnarterien das Gehirn schlecht mit Blut und Sauerstoff versorgen, so daß die innere Atmung des Organs nicht funktionieren kann, lassen erkennen, wie dann das geistige Leben des Menschen abnimmt und das Gedächtnis und die Merkfähigkeit nicht mehr richtig funktionieren. Unter Umständen verliert ein Mensch dabei ganz und gar sein richtiges Selbstbewußtsein und die Möglichkeit, sein Leben zu gestalten mit Hilfe des Denkens. Ein solcher Mensch kann vielleicht noch zehn Jahre leben, er ist in den übrigen Organen relativ gesund, aber das Gehirn ist verkalkt. Seine Seele kann sich nicht mehr richtig äußern. Viele solcher Beobachtungen liegen zugrunde und natürlich noch viel kompliziertere, feinere Untersuchungen des Gehirns und der davon ausgehenden Nerven, die zu der Ansicht geführt haben: alles seelische Leben hängt mit dem Gehirn zusammen.

Man hat sogar gesagt in einer ganz materialistischen Zeit – man tut es vielerorts auch noch heute –, daß es die Gehirnprozesse selber sind, die chemischen und physikalischen Prozesse, welche überhaupt das seelische Leben und das Bewußtsein erzeugen; so wie vielleicht eine Blume auf ihrer höchsten Stufe, wenn sie blüht, noch etwas Zusätzliches abgibt, den Duft, so war vielfach die Ansicht entstanden: es schwitzt, es duftet sozusagen das Gehirn die Seele aus. Und so viel oder so wenig wie der Duft draußen zu bedeuten hat, der flüchtig ist und selbstverständlich verschwindet, wenn die Blume verblüht oder welkt, so ist die menschliche Seele sterblich und absolut vergänglich, da sie gebunden ist an den Leib. Also Sie sehen, wer die Frage aufwirft nach dem Sitz der Seele, kommt zu den grundsätzlichen menschlichen Lebensfragen, die ja jeden irgendwo mehr oder weniger bewegen, die sich jeder in einer stillen Stunde einmal aufwirft: Wozu bin ich da, was ist der Sinn meines Lebens, geht es nach dem Tode weiter oder ist dann alles vorbei und umsonst gewesen? Alle solche Fragen sind zugleich, da sie sich in der Lebensstimmung, Lebenshaltung des Menschen zutiefst auswirken – insbesondere, wenn sie negativ beantwortet werden – etwas, was in die ganze Gemeinschaft, in das Gemeinschaftsleben und in die Sozialgestaltung hineinwirkt.

Wir wollen nun versuchen, dieses Problem einmal von einer ganz anderen Seite anzupacken. Sie alle wissen aus der inneren Erfahrung, genau so wie Sie von draußen wissen, daß es Wolken, Bäume und Steine gibt, daß Ihr inneres Leben, das man ja doch auch etwas beobachten kann, verschiedene Möglichkeiten und Formen hat. Wenn wir irgendein Bild in uns sehen aus der Vergangenheit, dann wissen wir, das hängt mit dem Gedächtnis zusammen, mit unserer Erinnerung. Wir können solche Bilder hin und her bewegen, wir können sie verändern, verwandeln, gegenseitig in Beziehung bringen, dann sagen wir: wir denken. – Erfüllt uns aber irgendein Bild, das wir im Innern in uns tragen, mit einem Gefühl der Freude, der Lust, der Sympathie oder der Antipathie oder der Angst, dann wissen wir: Unsere Seele kann auch fühlen. – Und wenn dieses Fühlen immer stärker wird, wenn die Antipathie sich vielleicht bis zum Haß steigert oder die Sympathie zur Begierde, etwas zu besitzen, dann merken wir, wie wir nach etwas drängen, wie uns vielleicht etwas treibt, wie wir irgendeinen Gedanken umsetzen in die Tat. Wir erleben uns dann innerlich als wollende, als handelnde Menschenwesen. Mit anderen Worten: D e n k e n d, also Bilder erzeugend, vorstellend und f ü h l e n d, hin- und herspielend in Lust und Unlust, in Freude und Trauer sowie w o l l e n d lebt sich das seelische Leben dar. Nun ist eben die Frage: in welchem Verhältnis steht dieses seelische Leben zu dem, was man von außen am Menschen sieht, was wir alle an uns tragen als die materielle Leiblichkeit.

Gehen wir einmal dem Wollen nach, dem menschlichen Willen. Beobachten Sie irgendeinen Menschen oder sich selbst bei der Arbeit: Wenn Sie in den Garten gehen und sehen, wie der Gärtner vielleicht irgendein Beet umgräbt, wie er alte Blumen herausrupft, wie er Erde bewegt, wie er Samen sät, wie er einen Schubkarren hin und her fährt, nun, dann erleben Sie ja den Menschen in seiner Willensbetätigung. Er bewegt die Stoffe der Außenwelt in irgendeiner Weise hin und her, zu sich heran, von sich weg, er formt sie um. Das kann aber der Mensch nur, indem er sich selbst bewegt, indem er eine gewisse Eigenbeweglichkeit hat. Er ist ja keine Statue, die aus Marmor gemeißelt starr da steht und magisch die Umwelt bewegt, nein, er braucht die Beweglichkeit seiner Gliedmaßen, seiner Beine, seiner Arme, eine gewisse Beweglichkeit des eigenen Körpers, des Rumpfes, um bewegend in die Stoffeswelt hinauszugreifen. Nun, wenn ein Mensch solch eine Arbeit – denn die Willensbetätigung des Menschen ist ja doch, wenn sie sinnvoll ist, Arbeit – nicht gewohnt ist, vielleicht aus dem Büro kommt und nun im Garten oder gar in einem Steinbruch einmal mithilft, dann kann es passieren, daß er zwei Tage später plötzlich sehr starke Schmerzen bekommt. Und Sie wissen, das nennt man dann einen Muskelkater. Es ist ganz gut, daß man einen Muskelkater haben kann, denn daran merkt man einfach, daß man zur Betätigung seines Willens die Muskeln braucht. Was wären wir ohne unser Muskelsystem! Der Arzt spricht da ja von einem Muskel*system,* weil er alle diese verschiedenen Muskeln in ihrer mannigfachen Größe und Form mit diesem Wort System zusammenfaßt. Natürlich wären diese Muskeln hilflos in ihrer Möglichkeit, sich zusammenzuziehen, innerlich zu erhärten, wiederum loszulassen und weich zu werden, wenn sie sich nicht am Widerstand des Knochens ausleben könnten, indem sie über die Sehnen in den Knochen eingreifen und so den festen Hintergrund gewinnen, um Kraft nach außen zu entfalten. Wir sehen nun, wie ja wiederum die Knochen in sich beweglich gestaltet sind durch die Gelenke, die Bänder und was es da alles gibt. So kommen wir zu dem, was wir nennen können das Gliedmaßensystem, worunter wir zusammenfassen alles das, was in röhrenförmigen Knochen sich gestaltet, durch die

Gelenke vermittelt ist und eben mit Hilfe der Muskeln bewegt wird. Und es ist einfach, wie ich sagte, so über den Muskelkater erlebbar, wie der Wille sich auswirkt, wie er lebt, wie die Willenskraft als Instrument den Muskel braucht, ja das ganze Gliedmaßensystem. Also insofern unsere Seele Willenskräfte entfaltet, lebt sie im Gliedmaßensystem.

Nun ist es ja sehr eigentümlich, daß der Mensch Muskeln besitzt, die sich seiner Willkür entziehen und die trotzdem tätig sind. Sie können eine Speise in die Hand nehmen, Sie können sie zerkleinern mit der Hand, Sie können sie zum Munde führen, Sie können dann diese Willensbetätigung fortsetzen, indem Sie kauen, indem Sie mit der Zunge den Stoff hin und her schieben und zurechtkneten und Sie können ihn auch schlucken. Bis dahin geht die willkürliche Muskelbetätigung. Aber in dem Augenblick, wo der Bissen geschluckt ist, setzt eine andere Tätigkeit ein. Da rutscht also dieser Bissen die Speiseröhre hinunter, er wird im Magen weiter verarbeitet, er gelangt in den Darm und schließlich auf vielen Wegen, nach vielen Umsetzungen in das Blut und in die Leber. Und wenn wir untersuchen, wie diese Art von Stoffverarbeitung, von Hin- und Herschiebung des Stoffes, von Stoffumsetzung zustande kommt, dann merken wir: auch das geht nicht ohne Muskeln. Denn schon die Speiseröhre ist ein Muskelschlauch, der Magen ist in gewisser Beziehung ein Sack, aber die Sackwände sind wunderbar durchgestaltet, nicht nur mit der Magenschleimhaut, sondern mit feinen Muskelzügen in ganz bestimmter Anordnung, die eine beträchtliche Kraft entwickeln können. Und wenn die Speisen im Darm dann im flüssigen Zustand weitergeschoben, zusammengeballt und auf große Flächen wieder ausgebreitet werden in rhythmischen Bewegungen, dann sind das ja alles Muskelbetätigungen. Und so erleben Sie, wie in diesen Muskeln sich eine Kraft betätigt, die wir nennen müssen eine Art Willen, der von unserem wachen Seelenleben nicht ergriffen wird. Wir können schon sprechen von unbewußten Willenskräften und lernen, wie unser seelisches Leben sich tief hineinwurzelt in den Leib mit Willenskräften, die dann in der Stoffbewegung und -umarbeitung weiterwirken auf den Wegen über die Ernährung und Verdauung, über alles das, was dann in immer feineren Stoffbewegungen in der Leber, im Blute und im Kreislauf vor sich geht. Für uns ist es aber wichtig, daß wir diese Stoffbewegungen nicht nur mechanisch auffassen, sondern wissen: sie werden gelenkt von Willenskräften des Menschen. So kommt zu der Willensbetätigung in den Gliedmaßen die innere, mehr sich im Organischen verwurzelnde, unbewußt bleibende Willensbetätigung, die sich in den Stoffwechselvorgängen, im Stoffwechsel s y s t e m zusammenfaßt. So können wir sagen, wenn wir den ganzen Menschen betrachten: in seinen Gliedern und im Stoffwechselsystem ist er der Träger des Wollens, hat er das Instrument seines Willens.

Das Stoffwechselsystem hat seine hauptsächlichsten Organe unterhalb des Zwerchfells: Magen, Darm, Leber usw. In diesen Organen, in dieser Leibeshöhle ist alles in Bewegung. Der Magen bewegt sich, sobald er sich betätigt. Auch der Darm ist in Bewegung und die genaue Richtung der Darmschlingen ist gar nicht festgelegt, sie können sich hin und her schieben. Selbst solche Organe wie die Milz, wie die Leber, sie könnnen sich ausdehnen, sie können sich wieder zusammenziehen, und das Mitarbeiten der Milz beim Verdauen oder beim Bewegen des Gliedmaßensystems bei einem schnellen Lauf, das merken Sie ja, wenn Sie Seitenstechen bekommen. Da kommt Ihnen solch ein Organ in seiner Willensbetätigung, die sonst unbewußt bleibt, etwas zum Bewußtsein. So arbeitet die Gallenblase, die sich ausdehnt und zusammenzieht, mit unbewußt bleibenden „Handgriffen". Durch diese gibt sie die Galle ab in ihrer ganzen Schärfe und Bitterkeit, um die Nahrungsstoffe zu verändern.

Mir kam es darauf an, zu zeigen, wie alles, was da geschieht, sich abspielt in Bewegung und Beweglichkeit der Organe. Diese arbeiten alle ineinander und lassen sich zusammenfassend als das S t o f f w e c h s e l - G l i e d m a ß e n s y s t e m bezeichnen, das den Menschen auch stofflich aufbaut und ihm immer neue Stoffe zuführt. Alle diese Stoffe schieben sich in den Menschen hinein und müssen den Umweg machen über die Aufbaukräfte des Blutes. Und Sie wissen, daß selbst in den Gliedmaßen das Blut mit zubereitet wird, indem im allerinnersten der Gliedmaßen, im Knochenmark, wichtige Vorgänge stattfinden. Hier werden die roten und gewisse weiße Blutkörperchen erzeugt, so wie in der Leber und anderen Organen die Eiweißstoffe des Blutes, der Zucker für das Blut usw. in entsprechender Weise zubereitet werden. Das Blut selbst ist auch wiederum ein Organ, das in fortwährender Bewegung ist. In all solcher Beweglichkeit wirken organisch tief gebundene Willenskräfte.

*

Der geschilderten Seite des Menschen steht eine ganz andere gegenüber. Der Anatom spricht davon, daß der Mensch drei Leibeshöhlen hat, und die eine Höhle, die unterhalb des Zwerchfelles liegt, haben wir soeben kurz kennengelernt. Die beiden anderen sind die Brusthöhle und die Schädelhöhle. Die letztere wollen wir jetzt betrachten. Im Raum innerhalb der Schädelkapsel befindet sich das Gehirn, welches ein sehr kompliziertes Organ ist. Obwohl es relativ klein ist, erfordert sein Studium für den Medizinstudenten viel mehr Zeit und Mühe als das Kennenlernen aller Organe der Bauchhöhle zusammen. Wie ist dieses Organ beschaffen? Es ist eigentümlich bleich und grau, und wenn man je Gelegenheit hat, das Gehirn zu sehen, wie es im Schädel drinnen liegt, dann wird man unwillkürlich erinnert an die Windungen, an den Anblick des Darmes. Denn Sie haben da lauter Windungen, eigentümliche Gebilde, die ineinandergehen und man spricht ja auch von den Hirnwindungen. Aber ein großer Unterschied ist schon da; denn dieses Organ ist zu unserer großen Überraschung überhaupt nicht beweglich. Alle diese Windungen liegen gegenseitig fest und die Millionen Gehirnzellen mit ihren vielen Fasern, Verzweigungen und Fortsetzungen, die wir da finden und Nerven nennen, die vom Gehirn aus in den ganzen Körper hineingehen, sie sind absolut unbeweglich. Sie sind so unbeweglich wie etwa die an den Telefonmasten angebrachten Leitungsdrähte. So unbeweglich sind unsere Nerven. Und das ganze Gehirn als Organ darf sich nicht wie die Leber oder die Milz auch nur um einen Millimeter ausdehnen oder zusammenziehen. Macht es das, so bekommen wir sofort rasende Kopfschmerzen, mit anderen Worten: wir sind nicht mehr gesund. Wir kommen, wenn wir zum menschlichen

Haupte aufsteigen, in ein Gebiet, wo all die geschilderte Beweglichkeit des Gliedmaßen-Stoffwechselsystems zu einer beinahe absoluten Ruhe kommt. Das sehen Sie auch daran, verehrte Zuhörer, daß die ganzen Knochen des Schädels, deren es rund zwanzig gibt – mit einer Ausnahme – gegenseitig fest verzahnt sind, so daß es da keine Gelenkigkeit oder Verschieblichkeit geben kann. Mit Knochennähten sind sie in ganz komplizierter Weise absolut unverschieblich ineinander verzahnt, so daß ein starres, in sich unbewegliches Gebilde entsteht. Die Schädelhöhle ist etwas wie ein Kerker, in dem das gefesselte Gehirnorgan drinnen sitzt, das sich mit seinen Windungen teilweise sogar im Knochen abprägt, so daß man sieht, es kann sich gar nicht bewegen, weil der Knochen selbst es noch einengt und festhält.

Es sind auch die Knochen des Schädels ganz anders gestaltet als die der Gliedmaßen. Die Gliedmaßenknochen haben strahlenförmige Anordnungen und sind bis in die Wirbelsäule hinein säulenförmig gebaut, während die Schädelknochen schalenförmige Knochen sind und ein Gebilde formen, das nicht von innen nach außen greift, sondern sich rundet und abschließt zu einer Art Kugel. Es entsteht ein sphärenartiges Gebilde. So sondert sich der Schädel aus der Beweglichkeit und Regsamkeit des übrigen Körpers heraus und geht in einen Zustand der Ruhe und Erstarrung über. Damit stellt sich der Kopf in einen großen Gegensatz zu den Gliedmaßen. Dieser Gegensatz kommt in vieler Hinsicht zum Ausdruck. Davon möchte ich noch einiges berühren.

Wenn der Magen oder die Hand arbeiten, dann brauchen sie Stoffliches. Es ist die Aufgabe des Gliedmaßen-Stoffwechselsystems, in die Stoffeswelt, in die Welt der Schwere hineinzugreifen und diese Welt zu bewegen, heranzuholen und umzuformen. Der Magen will sich mit Materie in dieser oder jener Zubereitung innerlich beschweren: er braucht etwas zum Durchkneten und zum Bearbeiten. – Nun studieren Sie einmal, wie sich der Kopf dem Stoff gegenüber benimmt. Das können Sie beim Mittagessen schon sehr gut beobachten. Der Kopf läßt sich mit Hilfe der Hand etwas Stoff zuführen und macht dabei eine kleine Anleihe beim Gliedmaßensystem. Er legt sich ein Gelenksystem zu, den einzigen beweglichen Knochen am Kopf, den Unterkiefer. Wenn er nun die Materie erfaßt und zerkaut hat, hat er nichts Eiligeres zu tun, als sie aus der Mundhöhle als seinem Bereich nach unten wegzuschicken. Er sagt zum Magen: Plage du dich weiter damit ab! Ich will damit nichts weiter zu tun haben. Dann geht er dazu über, feinere, leichter zu bearbeitende Stofflichkeiten aufzunehmen: er atmet die Luft ein! Kaum hat er wahrgenommen, wie sie beschaffen ist, ob sie duftet, frisch oder dumpf ist, – schon will er auch die Luft nicht mehr haben und schickt sie wiederum hinunter, wenn auch nicht ganz so weit wie die Nahrungsmittel. So gelangt sie durch die Luftröhre in die Brusthöhle. Der Kopf will nichts weiter mit ihr zu tun haben. – Kommt nun die Luft in anderer Weise an eine Kopföffnung heran, nämlich von der Seite an das Ohr, dann scheint er sie aufzunehmen. Sofort wird jedoch wieder eine Schranke gesetzt! Was nimmt der Kopf von der Luft auf, die durch den Gehörgang eindringt? Er hält die ganze Stofflichkeit ab, die Luftmoleküle, die da herantrommeln und macht eine Grenze: das Trommelfell. Nur das Allerfeinste, was diese Luft besitzt, behält der Kopf: den Rhythmus, die Schwingung, den Ton. Diese läßt der Kopf allerdings in sich hinein.

So sehen wir, wie der Kopf zwar zu der Welt in Beziehung tritt, aber immer so, daß er alles ablehnt, was ihn beschweren könnte, was ihn an den Stoff, an die Materie binden könnte und nur zurückbehält das Allerfeinste, was nicht mehr stofflich ist: von der Nahrung nur die Geschmacksempfindung, süß, sauer oder bitter, von der Luft nur den Ton oder den Dufteindruck. Schließlich öffnet er sich dann im Auge der ganzen Welt. Aber was nimmt er da von der Welt herein? Nur die Lichteindrücke, die Farbeindrücke, die Formen, die den einzelnen Elementen der Stoffeswelt anhaften, nimmt er auf, aber nicht den Stoff selbst.

Was behält denn eigentlich der Kopf zurück von seinen zahlreichen Begegnungen mit der Welt? Nun, verehrte Zuhörer, er behält eigentlich nur noch Bilder zurück. Und diese Bilder sind ja keine Wirklichkeit mehr, es sind gewissermaßen Photographien oder Schattenbilder der Umwelt. Diese behält der Kopf, und der Mensch bewahrt sie sogar sehr sorgfältig auf mit Hilfe des Gedächtnisses, so daß unsere Seele sie immer wieder herausholen und neu beleben kann. Sie sehen jedenfalls deutlich, daß der Kopf in einer ganz anderen Weise mit der Welt umgeht als unsere Gliedmaßen. Der Kopf führt ein gewisses Sonderdasein; er benimmt sich recht aristokratisch. Was ist denn eigentlich seine Aufgabe? Wo sind bei ihm alle diese Kräfte hingeschwunden, mit denen der Organismus in der Leber, im Magen und in den Gliedmaßen in die Stoffeswelt eingreift? Bedenken Sie, wie auch der Magen, indem er Säfte produziert, wie Salzsäure u. a., chemisch in die Stoffeswelt hineinwirkt, und wie da großartige Kräfte am Werke sind. Wir sagten, es sind zugleich Kräfte des Aufbaues, die mit der Blutbildung zusammenhängen. Dieser Aufbau äußert sich auch dort, wo der Organismus etwa eine Wunde heilt, wo er neue Zellen bildet oder sich regeneriert. Was geschieht nun, wenn der Organismus alle diese Aufbaukräfte zusammenfaßt und sie gewissermaßen auf eine einzige Aufgabe konzentriert? Wenn alle diese Aufbaukräfte sich zusammenschließen, dann erfolgt die höchste Steigerung, derer die Kräfte des Blutes, des Willens und des Stoffwechsels fähig sind. Dann entsteht nicht nur irgendetwas relativ Belangloses, eine kleine Arbeit, eine kleine Stoffumsetzung oder ein Stückchen neue Haut, sondern dann entsteht ein g a n z e r, e i n n e u e r M e n s c h. Dann faßt sich der Mensch organisch in sich selbst zusammen und es entsteht über die Fortpflanzungsorgane ein neuer Organismus, der in den Stoff hineingebaut und hineinplastiziert wird. Das möchte ich noch hinzufügen zur Betrachtung des Stoffwechselsystems. Wir können schon sagen, zu diesem einen Pol, zu diesem, sagen wir einmal u n t e r e n Menschen – im Gegensatz zum o b e r e n Menschen – gehört als höchste Steigerung die Möglichkeit der Fortpflanzung.

Eine Fortpflanzung ohne Zellteilung und ohne sorgfältiges Pflegen der Zelle selber, als dem Baustein des Lebens aller Organismen, ist nicht denkbar. Nur weil die Zellen sich teilen und fortpflanzen können, können wir ein Stückchen Haut ersetzen oder den ganzen Menschen hervorbringen. Demgegenüber befindet sich der Kopf wieder in einem großen Gegensatz. Wie sieht das bei ihm aus? Nicht e i n e

Zelle des Gehirns kann sich teilen, nicht ein Loch oder ein Substanzverlust im Gehirn kann ausgeglichen werden. Das Gehirn benimmt sich auch in dieser Beziehung sehr eigenartig. Es verzichtet wenige Wochen nach der Geburt auf jegliche Möglichkeit der Zellteilung, der inneren Regeneration oder gar der Fortpflanzung der Nervenzellen. Man könnte sagen, diese Tätigkeit des Menschen, die im unteren Organismus so großartig in Blutbildung, Zellvermehrung, Fortpflanzung in Erscheinung tritt, die wird immer weniger und weniger und zuletzt völlig abgestoppt, wenn wir zum Haupte hinauf kommen, wo dem Blute der Nerv gegenübersteht, organisch gesehen. Es kommt nicht nur die äußere Beweglichkeit zur Ruhe, es verzichtet nicht nur das Haupt darauf, Stoffe zu bewegen, es verzichtet sogar darauf, die Kräfte zu betätigen, die mit den Regenerations- und Fortpflanzungskräften zusammenhängen. Auch sie kommen zur Ruhe im Haupte.

Man könnte so vieles erzählen! Immer wieder ergibt sich dasselbe: Von allem, was im unteren Menschen vor sich geht, müssen Sie sich einmal das Gegenteil vorstellen. Dann wissen Sie, wie es der Kopf macht. Was hat das wohl für einen Sinn, daß es im Kopf so „ärmlich“ zugeht, daß er keinen Wert legt auf Ernährung, keinen Wert legt auf Fortpflanzung, auf Regeneration, auf Bewegung, daß sich alles wie in einem Zustand der Lähmung und Erstarrung befindet? Man möchte beinahe sagen, eine Art Faulheit des Organismus macht sich im Gehirn bemerkbar. Oder sollte man sagen, es sei nicht mehr recht gesund? Denn wo ein Wesen sich nicht mehr fortpflanzen kann, sich nicht mehr regen und heilen kann, da kommt man ja doch in Versuchung zu sagen: das ist nicht mehr gesund! Aber es kann doch nicht sein, daß der Kopf nur eine solch negative Aufgabe hat. Wo liegt denn seine positive Aufgabe?

Nun, das Positive des Kopfes ist – wer ihn genauer studiert, merkt das – daß auch er durchaus eine Beweglichkeit und eine große Produktivität besitzt. Ich meine jetzt nicht, daß er sich auf dem Hals herumdrehen kann, das machen ja die Glieder mit den Muskeln für den Kopf. Die Beweglichkeit des Kopfes liegt nämlich ganz woanders. Sie ist dort zu finden, wo Sie bemerken: ich kann ja im

Kopf einen Gedanken bilden und ihn hin und her bewegen. Ich kann ein Bild innerlich herholen in der Erinnerung und wieder wegschieben, ich kann ein anderes Bild herholen, auch zwei Bilder und diese miteinander verbinden. Ich kann mich mit Hilfe der Fähigkeiten des Kopfes in ferne Länder bewegen, ja in längst vergangene Zeiten zurückversetzen. Mit anderen Worten: der Kopf hat eine ungeheure Beweglichkeit. Er bewegt die Dinge hin und her, die vom Stoffe befreit in einer ganz anderen Ebene da sind und sich abspielen. Er lebt in seinem Bilderreichtum. Da betätigt sich der Kopf, da gestaltet er, da ist er sogar schöpferisch, da arbeitet er, dürfen wir wohl sagen. Wenn wir Arbeit nennen: etwas gestalten, etwas umformen, etwas hin und her schieben, ordnen, und mit Sorgfalt behandeln – dann arbeitet auch der Kopf; denn das alles macht der Kopf mit seinen Bildern. Was der untere Mensch mit dem Stoffe macht, in der äußeren Materie, das macht der Kopf mit seinen Bildern. Auf was wir da hinweisen, ist ja nichts anderes als Erinnern, Phantasieren, Gedanken ausbilden, das Denken überhaupt. Diese ganzen Möglichkeiten, die Sie alle von sich selber kennen, können wir mit einem Ausdruck vielleicht zusammenfassen mit dem Worte: Vorstellen. Dabei sucht sich die Seele im Nervensystem der Bindung an die Organe zu entringen und entzieht ihre Kräfte weitgehend der Bearbeitung des Stoffes; sie wendet sie der Bearbeitung der Vorstellungsbilder, also ihren eigenen Erlebnisinhalten zu. Im Kopf verzichtet der Organismus auf das Festhalten der Seelenkräfte und gibt sie zu mehr selbständiger Arbeit frei (siehe Abb. 1, zentrifugale Pfeile). Nur deshalb kann im Haupte das bewußte Seelenleben in seinem inneren Reichtum aufleuchten und von da aus den übrigen Körper dirigieren. So bringt das Haupt, das auf die Regenerations- und Fortpflanzungsmöglichkeit im organischen Sinne verzichtet, den Menschen auf einer höheren Ebene gleichsam noch einmal hervor, als ein seiner selbst bewußtes, geistiges Wesen, als Persönlichkeit.

Wir sprechen etwas Richtiges aus, wenn wir sagen: das Instrument der Seele, die sich denkend und vorstellend betätigt, ist das Haupt, oder etwas genauer gesagt, das Gehirn und das System aller Nerven.

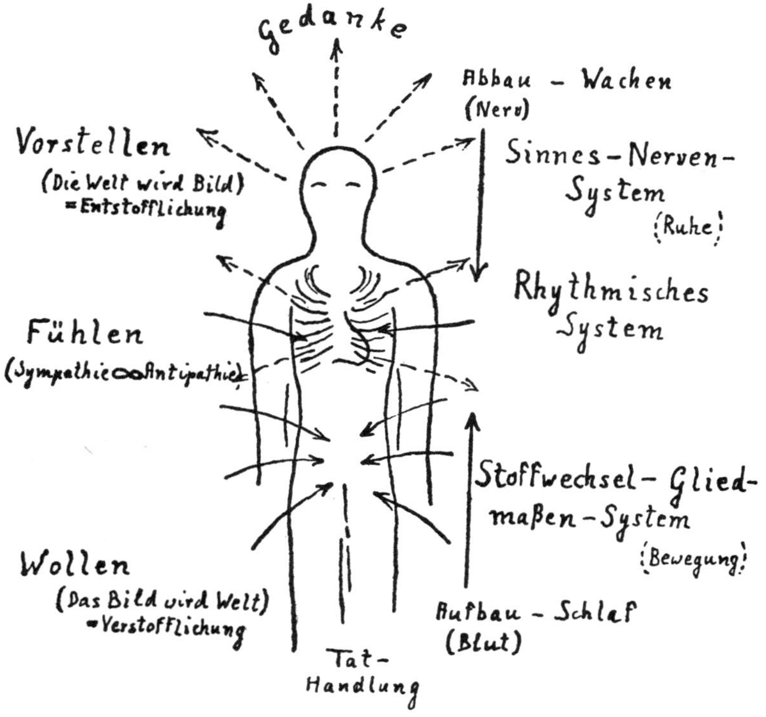

Abb. 1. Der dreigliedrige menschliche Organismus.

Diese sind natürlich wiederum undenkbar ohne ihre Tore, mit denen sie die Welt in ihrer Art ergreifen, ohne die Sinnesorgane. Die wichtigsten Sinnesorgane sind ebenfalls im Kopf konzentriert und setzen sich nach innen über die Nerven zum Wunderbau des Gehirns fort. Das Sinnes-Nerven-System ist der andere Pol der menschlichen Wesenheit, insofern diese sich im o b e r e n Menschen zusammenfaßt. Dieses Sinnes-Nerven-System steht dem Gliedmaßen-Stoffwechsel-System polar gegenüber als Träger des Vorstellungslebens (siehe Abb. 1).

*

Nun hat der Mensch noch die dritte Möglichkeit im Seelenleben, die seelische Betätigung im Fühlen, das wir nur kurz berührt haben. Wir werden das Fühlen besser verstehen, wenn wir es innerlich erleben in der Mitte stehend zwischen Denken und Wollen. Überlegen Sie einmal, was geschehen muß, damit ein Gedanke, ein bloßes Bild, Wirklichkeit wird in der Außenwelt, in der Stoffeswelt. Sie haben einen Gedanken, vielleicht einen sehr schönen und klaren; nehmen wir den Gedanken eines rechtwinkligen Gebildes, das der Kopf sich ausgedacht hat und welches er dann einen Würfel oder einen regelmäßigen Körper nennt. Dieser hat zunächst keine Wirklichkeit im äußeren Sinne. Soll dieses Bild Wirklichkeit werden, dann müssen die Gliedmaßen den Stoff herbeiholen, sei es Wachs oder Knetmasse, sei es Ton oder Marmor. Sie bearbeiten das, und plötzlich steht ein Würfel als äußere Realität in der physischen Stoffeswelt da. Das Gliedmaßen-Stoffwechsel-System hat ihn geformt und der menschliche Wille ist wirksam geworden. Wie kommt es dazu? Wie findet das Bild, das keine äußere Realität hat, den Weg zur äußeren Realität? Natürlich über den Willen. Aber da muß etwas dazwischen sein, um den Abgrund zu überbrücken, der zwischen Kopf und Gliedern besteht. Innerlich geht das so vor sich, daß Sie etwas wie eine große Sympathie für diesen Würfel bekommen, daß er Ihnen sehr gefällt, und Sie denken vielleicht: Es ist doch eigentlich schade, daß dieses Bild in mir so rasch vergeht, und man es niemals so richtig vor sich hat und anderen Menschen zeigen kann. Könnte man das nicht einmal umsetzen? Es entsteht dann aus diesem Sympathiegefühl für diesen schönen, klaren Gedanken der Wunsch: ach, könnte er doch einmal da sein und Bestand haben. Schon stehen Sie mitten im Fühlen darinnen! Und weil Sie fühlen können, Lust und Freude haben an dem, was Sie sich ausgedacht oder gesehen haben, drängt es Sie innerlich dazu, das nun in die Tat, in den Willen umzusetzen. So vermittelt zwischen Denken und Wollen das Fühlen.

Wenn wir nun fragen: auf welche Organe, auf welche Funktionen im Organismus stützt sich die Seele, wenn sie fühlt? Dann gibt die geisteswissenschaftliche Menschenkunde, von der wir hier sprechen, eine ganz neue Antwort, die vielleicht schwerer zu verstehen ist als dasjenige, was wir bisher ausgeführt haben. Sie gibt die Antwort: Das Fühlen stützt sich auf alles, was im menschlichen Organismus von der Atmung ausgeht und r h y t h m i s c h sich abspielt. Dem wollen wir jetzt nachgehen.

Sie erleben und beobachten an sich ja selber Einiges, wenn Sie etwa eine Freude haben und vielleicht sogar dieses Gefühl äußern; dann beginnen Sie zu lachen. Das können Sie gar nicht, ohne Ihr Atemsystem in Bewegung zu bringen. Und wenn Sie sich wirklich freuen, dann werden Sie erleben, wie das Herz sozusagen vor Freude hüpft! Sie erleben auch, wenn Sie ein starkes Gefühl negativer Art haben, etwa Schreck oder Furcht, wie Sie blaß werden. Sie können das ja auch an einem anderen Menschen ablesen: er wird bleich. Hat er ein anderes Gefühl, Zorn oder Scham, dann wird er rot. Und Sie merken plötzlich, immer dann, wenn sich seelisch im Fühlen etwas stark abspielt, wie dann in der Blutzirkulation etwas vor sich geht – in diesem feinen Spiel, das zwischen Blut und Atem hin und her webt. Studieren Sie das, wie sich Lust und Unlust in starken Formen auswirken, und Sie werden immer bemerken, daß der Rhythmus des Blutkreislaufs, des Herzens und der Atmung, entsprechende feine Veränderungen durchmacht. In der Tat kann man das genauer studieren, und es wird natürlich noch eine große Aufgabe für die Zukunft sein, im einzelnen zu untersuchen, wie das, was im Blut und Atem sich abspielt, zusammenhängt mit dem Fühlen des Menschen. Wir werden das in den nächsten Betrachtungen noch genauer ins Auge fassen.

Was hier gemeint ist, faßt sich wiederum in einem Organsystem zusammen. Wir können so, wie wir vom Sinnes-Nerven-System und vom Gliedmaßen-Stoffwechsel-System sprechen, auch von einem rhythmischen System sprechen. Bis in die Anatomie, in die äußere Form des menschlichen Körpers hinein erleben Sie rhythmische Gestaltungen. Denken Sie an den Brustkorb; in welch wunderbarer Weise da in Rhythmen die Knochen hineingerinnen, die Muskeln sich verfeinern und sich rhythmisch aufgliedern in der Zwischenrippenmuskulatur. Der Brustkorb ist ein Mittelgebilde zwischen Kopf und Gliedmaßen. Einerseits ist die Rippe ausgedehnt, sie streckt sich und will Gliedmaße werden. Aber wenn sie so richtig beweglich wird und sich vom Brustbein loslöst, dann wird sie zur falschen Rippe. Andererseits wird die Rippe starr, wenn sie es so macht wie die Schalenknochen des Kopfes und immer flacher wird, sich stärker rundet, sich mit der Gegenrippe finden und verzahnen will. Dann kommt das obere Ende des Brustkorbs zustande, wo der Mensch im Brustkorb gewissermaßen „verkopft". Die Rippe und der ganze Brustkorb wissen scheinbar nicht so recht, was sie wollen: bald will der Brustkorb sich betätigen wie eine Gliedmaße in voller Beweglichkeit und Freiheit, dann wieder sieht es so aus, als ob er sich formt, rundet, starr werden und zur Ruhe kommen will wie der Kopf. Genau so unentschieden – oder soll ich sagen doppelwendig – benimmt sich die Brust der Umwelt gegenüber. Bald verbindet sie sich mit der Welt des Stoffes – in der Einatmung –, bald sucht sie diese wieder abzuweisen und loszuwerden in der Ausatmung. Aber die Brust muß, um existieren zu können, um aus sich heraus gesund zu sein, eben die Mitte halten zwischen den beiden Möglichkeiten: der absoluten Starre und Unbeweglichkeit, sowie der absoluten Beweglichkeit, zwischen der Stoffaufnahme und der Stoffabgabe. Was entsteht als Ausgleich, als Vermittlung? Die beruhigte Bewegung, die bewegte Ruhe! Rhythmische Bewegung entsteht, geordnete Bewegung von Ausdehnung und Zusammenziehung. In diesem Ein und Aus, dem Ein- und Ausatmen, in der Zusammenziehung und Ausdehnung des Herzens, die dann übergeht in die nach der Peripherie hinstrebende Blutbewegung – im arteriellen Kreislauf – und in dem wiederum Zurückströmen zum Zentrum des Herzens – im venösen Kreislauf – erleben Sie lauter Rhythmen. Diese Rhythmen des Pressens und Loslassens, sind das organische, leibliche Gegenbild dessen, was seelisch sich abspielt, wenn Sie sich freuen oder weinen, wenn Sie lustig sind oder traurig, angeregt oder depressiv. Versuchen Sie es einmal, – wie Sie zu jedem Gefühl sich ausdenken oder erfühlen können ein G e g e n gefühl. Der Liebe steht der Haß gegenüber, der Lust die Unlust, dem Mitleid die Grausamkeit. Das ganze Gefühlsleben webt immer hin und her und ist selbst etwas wie ein seelisches Atmen oder Pulsieren. Deshalb braucht das Fühlen etwas, was bis in das Organische die Möglichkeit hat, sich auszudehnen, sich zusammenzuziehen und sich hin und her zu bewegen. Nun werden Sie vielleicht auch verstehen können, daß die Organe, die besonders das Rhythmische ausprägen und funktionieren lassen, die Hauptträger der Seele sind, insofern diese fühlend sich betätigen und erleben möchte. Und so, wie das Fühlen seelisch die Brücke ist zwischen dem inneren Bilde und der äußeren Wirklichkeit, zwischen der inneren Bewegung im Denken und zwischen der äußeren Bewegung im Willen, so ist auch leiblich das rhythmische System und alles, was von da ausgehend im Organismus sich rhythmisch abspielt, die Vermittlung zwischen dem Oben und Unten, kurz gesagt: zwischen Blut und Nerv.

*

Sie haben jetzt, verehrte Zuhörer, ein Bild des menschlichen Organismus in seiner Gesamtheit gewonnen. Ein neues Bild des Menschen leuchtete vor uns auf. Der Mensch ist hineingestellt mit seinem eigenen Wesen in den größten organischen Gegensatz, der überhaupt nur denkbar ist. Dieser Gegensatz, diese bis ins Organische hineingehende Spannweite darf nicht kurzschlußartig aufeinanderprallen, sonst würden Katastrophen entstehen; es würde sonst gewissermaßen die Waagschale unerhört hin und her schwanken und der Mensch seelisch oder leiblich erkranken. Da stellt sich etwas dazwischen, das vermittelt, harmonisiert und eins ins andere hinüberführt: das ist der Rhythmus. So wird das, was aus den Nahrungsstoffen zum Blut aufgebaut ist, in der Zirkulation über Herz und Atem rhythmisiert und kann dadurch den Anschluß finden an das Nervensystem. Wir haben uns die Idee von dem d r e i g l i e d r i g e n Organismus des Menschen erarbeitet. Wir sehen, wie dieser Organismus, der äußerlich eine Einheit ist oder als solche erscheint, innerlich eine Zweiheit ist und in einem Gegensatz, man kann auch sagen in einer Polarität, sich darlebt. Aber indem diese Polarität durch ein Drittes vermittelt wird und der Mensch den inneren Abgrund überbrückt, um diesen Gegensatz auszugleichen – man möchte beinahe sagen, sich selber wieder heilt in dem, was da so in Gegensätze zerrissen ist – wird er erst der gesunde Mensch. Da entsteht erst das Instrument, das in innerer Durchgliederung schwingen muß, um ein brauchbares Instrument der Seele sein zu können.

Die dreifach gegliederte und dreifach verschieden arbeitende Leiblichkeit des Menschen kommt der Gliederung des Seelenlebens sinngemäß entgegen. Fragen wir also jetzt erneut: Wo ist der Sitz der Seele? Dann sehen Sie, daß das nicht angeht, daß wir ein einziges Organ nennen und meinen, dort sitze die Seele. Nein! Vom Kopf bis zum Fuße, verehrte Zuhörer, ist der menschliche Leib Instrument der Seele. Und das ist die großartige neue Entdeckung, die Rudolf Steiner gemacht hat unter vielen anderen bei der Erforschung des menschlichen Lebens[1]). Wir brauchen jetzt nicht mehr als Anatom und Physiologe nur äußerlich Organe zu beschreiben oder chemische Prozesse und stoffliche Umsetzungen für sich allein zu studieren; dabei könnten wir die Gefahren des Materialismus, die wir anfangs gestreift haben, nie überwinden. Sondern wir dürfen überall, wo wir als Arzt an den menschlichen Organismus herantreten, uns sagen: Alle diese Gestaltungen, Formen und Prozesse weisen hin auf ein Dahinterstehendes, Wirkendes, Schaffendes und Sicherlebendes. Sie weisen hin auf die Seele des Menschen. Sie bringt – im Erdenmenschen verkörpert – diesen Stoff in solch wunderbare Gliederungen, Zusammensetzungen und Rhythmen, daß dieser Stoffesleib allüberall die Seele tragen kann, allerdings in ganz verschiedener Weise. Und gerade diese ganz verschiedene Art des Funktionierens muß genau beachtet und studiert werden, sonst können wir den Zusammenhang von Leib und Seele – das heißt aber den Menschen selbst – niemals wirklich verstehen.

Zum Abschluß möchte ich diese Betrachtung in einem Bilde zusammenfassen, das Ihnen den ganzen Gedankengang nochmals beleuchten soll. Wenn die Seele will, wenn sie etwas umsetzen will in die Tat, in die Wirklichkeit, dann macht sie es wie ein Schwimmer, der sich in ein Wasser hineinstürzt, untertaucht und vorübergehend ver-

1) Die Idee der Dreigliederung des menschlichen Organismus wurde von Rudolf Steiner zum ersten Mal 1917 in seinem Buche „Von Seelenrätseln" — wie er selbst sagt, nach 30jähriger Forschertätigkeit — dargestellt. Siehe auch „Allgemeine Menschenkunde als Grundlage der Pädagogik" 14 Vorträge von R. Steiner (1919)

schwindet. So taucht die Seele wollend hinein in die Stoffeswelt der Organe und bewegt sie von innen. Dann ist sie wollend. Will die Seele aber zu sich selber kommen, sich finden, sich in sich selbst betätigen und nicht Stoffe bearbeiten, dann muß sie sich zurückziehen und auftauchen aus den Fluten des Organismus. Dieser Organismus ist dann relativ nebensächlich, er kommt in seinen Kräften zur Ruhe und die Seele löst sich heraus, stößt sich ab und benützt diesen Organismus als Spiegel. Denn so wie jedes Sinnesorgan einen Teil der Welt spiegelt, so ist das Gehirn der innere Spiegel der Seele. Die Seele schafft nicht mehr mit Stoffeskräften im Gehirn und schiebt die Hirnwindungen nicht hin und her. Dies ist nur im Embryonalleben der Fall, wenn das Gehirn ausplastiziert wird. Später sind gewissermaßen die Gehirnwindungen ganz festgefroren, und aus dem Gehirn hat sich die Seele herausgelöst. Daher scheint das Gehirn so ein träges Organ zu sein. Es hat auf vieles verzichten müssen, weil es die Seelenkräfte frei gibt. Und so kommt die Seele zu sich selbst im Bewußtsein; sich spiegelnd am Gehirn kann sie sich erkennen. Das wäre so, wie wenn der Schwimmer auftaucht, ans Ufer tritt und sagt: da war ich darinnen. Und plötzlich merkt er: ach, im Wasserspiegel, da sehe ich mich ja selbst! Jetzt weiß er nicht mehr, wie das Wasser aussieht, sondern wie er selbst aussieht. Das Wasser vergißt er dabei. So können Sie sich vorstellen, lebt die Seele im Gehirn. Sie erkennen jetzt genauer, in welch verschiedener Weise der Leib das Instrument der Seele ist.

Als fühlendes Wesen hingegen ist die Seele in einem Zustand, möchte ich sagen, wie der Schwimmer, der weder untergetaucht ist, noch am Ufer steht, sondern sich gerade schwimmend im Wasser bewegt; er hebt dabei den Kopf etwas heraus, macht dauernd rhythmische Bewegungen, um sich zu halten, taucht wieder ein wenig unter und kommt wieder ein wenig herauf. So benimmt sich die Seelenkraft im Herzen und im Atem. Sie webt, sie schafft, sie taucht etwas unter und hebt sich wieder heraus. Und so im Rhythmus das Gleichgewicht haltend zwischen Oben und Unten – wie der Schwimmer immer Gleichgewicht halten muß – erlebt sich die Seele fühlend in diesem wunderbaren Weben von Atem und Zirkulation. Herzschlag und Puls sind das Wellenspiel der in den Blutskräften schwimmenden Seele.

Also nehmen Sie dieses Bild in sich auf und Sie werden verstehen, nicht in abstrakter, doch auf bildhafte Weise, wie im Menschen große Gegensätze wirken, und wie sie ausgeglichen werden können. Sie erkennen, wie die Organe ganz verschiedene Aufgaben haben und doch durch die Art der Gliederung in Harmonie zusammenwirken können. Wo diese Harmonie des geschilderten Dreiklangs im Leiblichen vorhanden ist, hat der Mensch als seelisch-geistiges Wesen ein gesundes und brauchbares Instrument. Rudolf Steiner hat die Idee von der Dreigliederung des menschlichen Organismus einmal in folgendem Spruchwort zusammengefaßt, mit dem wir die heutige Werkstunde abschließen wollen:

In dem Herzen webet Fühlen,
In dem Haupte leuchtet Denken,
In den Gliedern kraftet Wollen.

Webendes Leuchten,
Kraftendes Weben,
Leuchtendes Kraften:

Das ist der Mensch.

II. Das Herz — Organ der Herzlichkeit

Verehrte Zuhörer!

Wir wollen uns heute mit dem Organ im Menschen beschäftigen, das als das Zentrum seines Lebens angesehen werden muß und als eines der wichtigsten Organe gilt – mit dem menschlichen Herzen. Über dieses Organ ist schon vieles gesprochen worden und sind viele Untersuchungen angestellt worden. Aber es ist noch gar nicht so lange her, daß man in gewissem Sinne eine klare Vorstellung hat, wozu das Herz eigentlich da ist und daß man weiß, wie es sich in den gesamten Blutkreislauf eingliedert. Erst zu Beginn der Neuzeit hat ein Engländer entdeckt, daß das Blut nicht nur irgendwie in den Adern fließt oder strömt, sondern in einer kreisenden Bewegung sich befindet, so daß der Begriff des Kreislaufs in Zusammenhang mit dem Herzen da zum ersten Male so richtig aufgetaucht ist. Man wußte vorher schon, daß das Blut vom Herzen zur Lunge fließt, von der Lunge wieder zurück und spricht auch heute noch vom kleinen Kreislauf. Nun, diesem kleinen Kreislauf, dem folgt der große Kreislauf, wo das Blut, wie Sie wissen, vom Herzen durch die Schlagadern in alle Organe, in alle Ecken und Enden des menschlichen Organismus hineinströmt und durch die Venen, die Blutadern, die oft bläulich durch die Haut schimmern, wieder zurückkommt. Es strömt von zwei Seiten kommend, sich sammelnd in der oberen und in der unteren Hohlvene, wieder zum Herzen zurück. Sie alle wissen, daß das Herz gegliedert ist, daß es ein Hohlmuskel ist, der in sich Unterabteilungen hat: Wir sprechen ja von den Herzkammern. Wir kennen vier solcher Herzkammern. (Es wird gezeichnet.) Ganz schematisch gezeichnet haben wir hier also die beiden Vorkammern (s. Abb. 2 rV. und lV.) und hier die Hauptkammern (s. Abb. 2 rH.K. u. lH.K.) mit ihren entsprechenden Öffnungen. Zwischen der Vorkammer und der Hauptkammer befinden sich Öffnungen, auf der rechten Seite des Herzens, wie auf der linken Seite. Jeweils hier, und auch dort, wo die Hauptkammer in ein Gefäß übergeht, in die Lungenarterie oder in die große Körperarterie, da ist wieder etwas Besonderes. Da finden wir die sogenannten Herzklappen. Man hat sich über diese Klappen Gedanken gemacht und sie

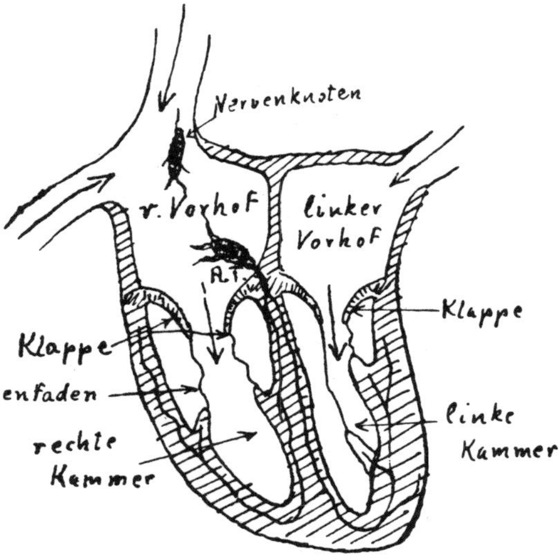

Abb. 2. Schema des Herzens. Die Klappenöffnungen von den Kammern in die Lungen- und Körperschlagader sind nicht dargestellt.

genau untersucht am herausgenommenen Herzen. Da hat man gemerkt, daß diese Klappen so konstruiert sind, daß das Blut nur in einer Richtung fließen kann. Man hat so mit Recht gesagt, diese Klappen haben eine Art Ventilfunktion. Solche Ventile gibt es bei den verschiedenen Sorten von Pumpen, wo ja eine strömende Bewegung – Wasser meistens – unter Druck gesetzt wird, und wobei man erreichen will, daß diese Flüssigkeit sich nur in einer Richtung bewegen kann. So ist ein Ventil etwas, wo man nur in einer Richtung etwas hindurchbekommt, so wie beim Fahrradschlauch. Er hat ein normales Ventil, durch das Luft hinein muß, aber das Kunststück ist das, daß sie nicht mehr heraus kann. Nun, das Fahrradventil ist ganz anders beschaffen als solch ein Herzklappenventil, aber es hat die gleichen Funktionen. Das Blut soll von der Vorkammer in die Hauptkammer, aber es darf nicht mehr zurück, sonst käme das ganze Herz, der ganze Kreislauf, ja der ganze Mensch völlig durcheinander.

Wie diese Klappen im einzelnen als Ventile konstruiert sind, das ist jetzt nicht so wesentlich. Sie können sich diese vorstellen wie kleine Türen. Die Türe geht nach einer Seite auf und das Blut kann hindurch. Wenn nun das müde Blut in der Hauptkammer wieder neuen Antrieb und Druck entwickelt, würde es auch wieder in den Vorhof zurückströmen. Das wird verhindert, indem diese kunstvolle Klappe zugeht, das Ventil ist geschlossen, das Blut kann nur in der einen Richtung weiter. Solche Ventile haben wir – wie gesagt – am Herzen vier: am Übergang von den Vorkammern zu den Hauptkammern und am Ausgang der beiden Hauptkammern.

Die Menschheit war im 17. Jahrhundert so weit, daß sie so etwas mechanisch exakt verstehen konnte. Nie hat etwa ein Grieche oder ein Ägypter etwas von Herzklappen und Ventilen verstanden, obwohl es vielleicht auch da vorgekommen sein mag, daß man ein Herz von irgendeinem Tier gesehen und genauer angeschaut hat. Jetzt konnte man sprechen von einem strömenden System und davon, daß das Blut im Herzen Druck bekommt, daß es, wenn es vom Herzen herauskommt, weit mehr Druck besitzt, als wenn es einströmt in die rechte Vorkammer. Schließlich entwickelte man die Vorstellung, daß das Herz überhaupt gar nichts anderes als eine Pumpe sei. Also eine Pumpe, die wie jede andere Wasserpumpe die Aufgabe hat, Flüssigkeit, die irgendwo herkommt, so zu verteilen, so unter Druck zu setzen, daß sie in einer ganz bestimmten Richtung weiterströmt und der Schwerkraft enthoben werden kann, so daß Wasser hinaufgedrückt werden kann in ein oberes Stockwerk an eine höher gelegene Stelle. So sehen wir auch das große Rätsel, daß in uns die Blutflüssigkeit in der Tat nach allen Richtungen strömt; also auch „bergauf“ strömt, z. B. in den Kopf. Wenn Sie sich auf den Kopf stellen, macht das dem Blut gar nicht viel aus, es strömt dann eben bergan bis in die Füße; man bekommt zwar einen roten Kopf, weil etwas mehr Blut im Kopf sich staut bei dieser Angelegenheit. Aber im großen und ganzen werden solche Stauungen eben überwunden. So fließt ja auch das Blut, wenn man steht, aus den Beinen hinauf, höher vielleicht als einen Meter und wieder zurück zum Herzen, obwohl es da tatsächlich schon so ist, daß es sich viel leichter staut. Das kennt jeder, der einmal Krampfadern an sich oder anderen beobachtet hat. Es ist schon die Gefahr da, daß das Blut der Schwere unterliegt und absackt. Sie alle wissen, daß es ein Charakteristikum vieler Herzkrankheiten ist, daß der Kreislauf nicht mehr richtig funktioniert, daß die Schwere, die ja doch auch uns durchwirkt, zupackt, Blutflüssigkeit zurückbleibt, aus den Gefäßen austritt und man dann eben sog. Wasserbeine, Ödeme bekommt. Dabei kann literweise Flüssigkeit im Gewebe hängen bleiben und der Mensch ist dann natürlich schwerkrank.

Nun, diese Anschauung, daß das Herz eine Pumpe ist, blieb ja nicht allein stehen. Denn schließlich wurde die Leber zu einem zwar sehr großartigen, aber eben doch nur zu einer Art chemischen Laboratorium, genau so wie der Magen, wo man feststellen konnte, daß die Salzsäure und einige andere Stoffe die Aufgabe haben, die Nahrung rein chemisch zu zersetzen. Die Magenwände zerreiben das noch etwas. Also man lernte allmählich alle Organe ganz mechanisch, materialistisch, nur von der chemischen oder physikalischen Seite her aufzufassen. So gesehen ist die Lunge ein Blasebalg und die Umschlagstation für die Luft, für den Sauerstoff und die Kohlensäure, wo die Luft unter Druck hinausgepreßt wird, soweit man sie nicht brauchen kann und durch Unterdruck, den man sogar messen kann im sich ausdehnenden Brustraum, wieder angesaugt wird. Der Muskel wurde als Kraftmaschine mit Hebelwerk aufgefaßt. Man konnte tatsächlich den Menschen von oben bis unten mehr oder weniger mechanisch als eine zwar sehr komplizierte, aber doch durchaus verständliche Apparatur erklären.

Nur bei dem Kopf war es noch etwas schwieriger. Ich schilderte Ihnen schon in der vorigen Stunde, wie er als der alleinige Sitz der Seele aufgefaßt wurde, da er ja in der Tat wesentlich mit der Ent-

stehung unseres bewußten Vorstellungslebens zu tun hat. Und wenn man auch glaubte, das Auge als Photoapparatur verstehen zu können, so blieb mit dem Gehirn und den Nerven noch ein Rest vom Körper übrig, der zunächst nicht nur mechanisch betrachtet wurde, da er von der Seele durchzogen gedacht wurde. Aber das dauerte auch nicht mehr lange. Ende des vorigen Jahrhunderts, wo der Materialismus in vieler Hinsicht eine erste, große Blütezeit erreichte, war die Auffassung vieler Ärzte, insbesondere der Physiologen und Psychiater, bereits die, daß das Gehirn die Gedanken absondert, so ähnlich wie die Leber die Galle. Also demnach war die Seele und das geistige Leben des Menschen nichts Selbständiges. Es war Produkt bestimmter chemischer Vorgänge im Gehirn und so vergänglich wie diese. Es schien nur noch eine Frage der Zeit zu sein, bis aufgeklärt werden konnte, welche chemische Formel der „wechselnden Molekülgruppierung“ „Freiheit“, „Gottheit“ oder „Unsterblichkeit“ in einer bestimmten Hirnwindung zukommt.
Es war also schließlich der ganze Mensch zum chemischen Laboratorium und zur Maschine geworden. So ist auch von einem Franzosen, La Mettrie, ein Buch geschrieben worden, schon in der ersten Hälfte des 18. Jahrhunderts, „L'homme machine“, der Mensch, eine Maschine. Also Sie sehen, wir rühren da an ein Kernstück der gesamten Auffassung und Betrachtung vom Menschen, wenn wir das Herz betrachten. Wir müssen die Frage haben: „Können wir es, dürfen wir es wirklich als eine Maschine, als eine Pumpe ansehen?“ Diese Frage ist gar nicht so einfach zu beantworten, denn es ist ja bewiesen, daß es einen Sinn hat, da von Ventilfunktionen, von Klappenfunktionen, von Drucksystemen, von kreisender Flüssigkeit usw. zu sprechen. Und doch sträubt sich schon bei jedem naiven Gemüt – oder soll ich sagen, bei jedem Menschen mit einem gesunden Menschenverstand – etwas dagegen, daß man einfach so ein Organ, das ja mindestens das Zentrum unseres Lebens ist, als einen reinen Mechanismus auffaßt.
Wir hatten hier schon Gelegenheit, von dem Sitz der Seele im Menschen zu sprechen und haben dabei versucht, darzustellen, daß ja der ganze Mensch von Kopf bis zu Fuß Ausdruck seines seelischen Le-

bens ist, daß es gar kein Organsystem gibt, das nicht mithelfen würde, die Seele zu tragen, zu offenbaren, um unserem seelischen Leben als Instrument zu dienen. Diejenigen, die damals dabei waren, werden sich erinnern, daß wir sprachen davon, wie das menschlich-seelische Leben sich gliedert in die drei Grundfunktionen des Vorstellens, des Fühlens und des Wollens. Wir führten dann aus, wie der Kopf mit seinen Sinnesorganen, seinen Nerven, seinem Gehirn – ich will das hier noch einmal skizzieren (es wird gezeichnet) – in der Tat dazu dient, uns die Bilder vorzustellen, die wir im Bewußtsein tragen, an die wir uns erinnern, die wir hin und her bewegen oder durchdenken. Die Sinnesorgane und das Gehirn haben dabei reine Spiegelfunktionen. Wir haben aber gesagt, wenn wir eine Vorstellung, ein Bild in die Wirklichkeit umsetzen wollen durch eine Tat, durch den Willen, dann brauchen wir die Gliedmaßen. Der Wille und die Willenskräfte im Menschen entfalten sich in den Gliedmaßen, wo wir eben als das Wichtigste neben den Knochen, den Sehnen und Gelenken die Muskeln finden als das Haupt-Verwirklichungsorgan des menschlichen Willens. Wir haben gesehen, wie etwa im Stoffwechsel, im Magen, im Darm, wo ja auch Muskeln sind, unbewußte Willensprozesse sich tief in den Menschen hineinschieben, insofern er da den Stoff innen bearbeitet, den er draußen willensmäßig bewußt mit den Händen bearbeiten kann. Das Wichtigste war aber, daß wir suchen mußten, die Funktionen und die Organe, welche als Grundlage oder Träger des menschlichen Fühlens dienen, also dessen, was wir erleben, wenn wir lustig, unlustig, freudig oder traurig gestimmt sind, Sympathie oder Antipathie empfinden. Da schilderten wir, wie etwas zwischen Kopf und Gliedmaßensystem liegt: die rhythmischen Funktionen, die ja besonders zum Ausdruck kommen in der Atmung, im Zirkulieren des Blutes, im Herzschlag. Alle diese rhythmischen Funktionen geben in ihrem Zusammenziehen und Ausdehnen, in ihrem Hin und Her, in ihrem ganzen Rhythmenspiel die Grundlage ab für das, was im Menschen seelisch hin und her pendelt zwischen Lust und Unlust, zwischen Sympathie und Antipathie, zwischen Liebe und Haß und wie wir es auch immer nennen und beobachten mögen.

Diese Skizze des Menschenbildes wollte ich noch einmal vor Sie hinstellen: den dreigliedrigen Menschen, wie wir sagten, mit seinem Sinnes-Nervensystem als Spiegel des Vorstellungslebens, mit seinem Gliedmaßen-Stoffwechselsystem als Grundlage des Wollens, mit seinem rhythmischen System als Grundlage des Fühlens. Wir sprachen vom dreigliedrigen Menschen anatomisch und physiologisch als von dem Instrument der dreifach erscheinenden Seele. Nur auf diesem Hintergrund können wir den Versuch wagen, aufs Ganze blickend, einen Teil des Menschen, das Herz, zu verstehen. Das hat ja Goethe uns schon gelehrt, daß der Teil in einem Organismus immer das Ganze in sich birgt und daß er aus der Idee des Ganzen heraus entwickelt werden muß. Goethe hat das beobachtet an jenen Pflanzen, bei denen ein kleines abgeschnittenes Stückchen eines Blattes wieder eine ganze Pflanze erzeugen kann. So wäre gewissermaßen das Ideal unserer Betrachtung: So wie der Mensch als Ganzes das Herz hervorbringt, aus einer richtigen Betrachtung des Herzens den ganzen Menschen hervorzubringen und umgekehrt. Das wollen wir heute versuchen.

*

Kehren wir zurück zum Herzen selbst, zu dem, was wir darüber wissen. Das Herz ist ein Muskel. Es besteht also, grob gesprochen, aus Fleisch. Es ist ja auch rot, und wie jeder Muskel, zieht sich auch der Herzmuskel zusammen, kommt in einen Spannungszustand, wird härter und wird wieder weicher und dehnt sich wieder aus. Im Puls lesen wir diese Beweglichkeit, diese Aktivität des Herzens ab. Also das Herz hat zweifellos eine Muskelbewegung. Was heißt das für uns? Nun, das heißt, das Herz hat eine gewisse Aktivität; das hängt damit zusammen, daß Stofflichkeit in Bewegung kommt oder in Bewegung ist. Wir haben gesehen, überall, wo Muskeln tätig sind, kommt Stoff in Umwandlung, in Regsamkeit, seelisch gesprochen, entfaltet sich die Willensbetätigung des Menschen. Ich deutete ja vorhin schon an, wie der Wille nicht dort aufhört, wo man den Bissen schluckt. Jeder hat ja das Gefühl, er will etwas, wenn er ordentlich kaut oder eine Nuß zerknackt. Ich schilderte aber schon damals in der Werkstunde, daß, wenn der Bissen hinuntergeschluckt wird, unser bewußter Wille, oder der vom Bewußtsein dirigierte Wille aufhört und alles weitere von selber geht. Aber dieses „von selbst" mußten wir sehr in Anführungszeichen setzen, denn es geht überhaupt nichts von selbst in der Welt. Selbst die Speiseröhre muß Arbeit leisten, um die Nahrung in den Magen zu bekommen. Sie rutscht nicht von selber hinunter, sie „rutscht" ja auch hinunter, wenn man sich auf den Kopf stellt, weil sie aktiv weiter geschoben wird von der Muskeltätigkeit der Speiseröhre. So verrichten auch der Magen und andere Organe aktive Arbeit. Wir lernten da kennen unbewußte Seelenarbeit, und das war die Schwierigkeit, daß wir die Seele kennenlernen mußten als etwas, was da lebt und arbeitet, auch wenn es nicht als bewußtes seelisches Leben auftritt.

In der heutigen Psychologie spielt ja die Lehre vom Unbewußten eine ganz große Rolle. So ist es auch mit dem Herzen. Das Herz verrichtet seine Arbeit, ohne daß wir das bewußt wollen. Trotzdem hat es einen Willen. Es hat einen ganz „herzhaften" Willen, aus dem heraus es aktiv und tätig ist. Also wir können sagen, insofern das Herz einen Herzmuskel besitzt, entfaltet es sich im Prozeß des Wollens, hat es Anteil an den Kräften, an den Zusammenhängen, die sich im Menschen im Gliedmaßen- und Stoffwechselsystem auswirken. Wir wollen jetzt nicht im einzelnen untersuchen, wie diese Muskelorgane im Herzen gestaltet sind. Doch kann man sagen, daß die Hauptwillensbetätigung, auch die Hauptmuskelmasse in den beiden großen Kammern des Herzens sitzt, und davon wieder die aktivste, die den meisten Willen entfaltet, die linke Herzkammer ist; sie hat deshalb auch den allerdicksten Muskel. Die Herzkammern, was ihren Inhalt betrifft, sind nicht größer als die Vorkammern; denn es geht hier genau so viel Blut hinein wie in die Hauptkammern, sonst käme ja alles in Unordnung. Aber letztere sind größer, weil die Muskeln dicker und mächtiger sind. Also Sie sehen, das Herz hat einen Teil, wo es besonders stark die Muskelmasse und die Muskeltätigkeit betont, wo es besonders stark Organ des Wollens ist.

Das Herz hat aber auch Anteil an allem, was der Kopf macht. Nun, was macht der Kopf? Der Kopf ist dazu da, die Welt oder den Menschen selbst zu beobachten. Um die Welt zu beobachten, hat der Kopf die Sinnesorgane, was wir in der übernächsten Stunde noch genauer ausführen werden. Damit die Wahrnehmungen von unserer Seele aufgenommen werden können, geht ja von jedem Sinnesorgan eine Leitung, der Nerv, zum Gehirn. Da findet eine Zusammenballung von Nervenorganen statt, wo ja wirklich die „Zentrale“ ist, so daß wir vom Zentralnervensystem sprechen. Da entsteht nun das Bewußtsein. Der Kopf bringt sich eben zum Bewußtsein, was in der Welt vorgeht, was in unserem eigenen Leibe und in unserer Seele vorgeht. Alles das spiegelt er uns. Er hat die Aufgabe, sich ein Bild zu machen vom Menschen und von der Welt. Diese Fähigkeit, sich ein Bild zu machen vom Menschen – in gewisser Beziehung sogar von der Welt – hat das Herz auch. Das Herz legt sogar besonderen Wert darauf und bildet sich gewissermaßen so etwas aus wie ein „Privatnervensystem“. Das kann man ja von dem Kopf lernen: wenn man etwas von einer Sache wissen will und sich ein Bild machen will, dann braucht man ein Nervensystem, dann braucht man Sinnesorgane. Und so zeigt sich nun, wie das Herz bereit ist, einen Teil seiner Muskeln aufzuopfern. Das kann das Herz, so beweglich und geschickt ist es; es verwandelt einen Teil seiner Muskeln in Nerven. Und dieser Prozeß der Nervenbildung des Herzens geht interessanter Weise vom rechten Vorhof aus, also derjenigen Herzkammer, welche dem gesamten Blut des Körpers zuerst begegnet und es empfängt. Hier möchte sich das Herz sofort ein Bild machen, was mit dem Blute los ist und beginnt nun ein kleines Stückchen Gehirn auszubilden (s. Abb. 2 NK.). Solche Nervenverknotungen gibt es noch mehrere im Herzen. Einer dieser kleinen „Gehirnknoten“ heißt der Aschoff-Tawarasche Knoten, nach dem berühmten Pathologen Aschoff, der noch mein Lehrer war, und dem Japaner Tawara, der zusammen mit ihm dieses Herz-Nervensystem besonders untersuchte und dabei diesen Knoten vor wenigen Jahrzehnten entdeckt hat.

Wir sehen tatsächlich, wie von da ausgehend das Herz nach allen Seiten hin in wunderbarster Weise durchsponnen und durchwoben ist von Nervenfasern, wozu sich noch Nerven aus dem übrigen

Organismus gesellen. Und sehen Sie, immer wo Nerven sind, sind Nervenendigungen, und Nervenendigungen sind immer empfindlich, die spüren etwas, die tasten etwas, die schmecken und riechen etwas ab[1]). So dürfen Sie sich das Herz vorstellen nicht nur als ein aktiv tätiges Organ, das wild drauflos irgendetwas tut, sondern als ein Organ, das sehr sorgfältig beobachtet, was geschieht. Es ist ein innerlich aufmerksames, für sich selbst sehr wachsames Organ. Es ist in dieser Beziehung Sinnesorgan. Wenn Sie in einen Sandkasten hineinfühlen und mit der Hand den Sand abtasten, ihn durchrieseln lassen, spüren Sie, ob er schwer ist, ob er trocken ist, ob er feinkörnig oder ob er grobkörnig ist, ob er eiskalt oder schön warm ist. So wie Sie das alles spüren, so dürfen Sie sich vorstellen, daß das Herz, wenn es nun das Blut empfängt und sich zusammenzieht, das Blut durch-greift mit diesem Griff der Zusammenziehung. Dabei tastet es die innere Beschaffenheit des Blutes, wozu auch seine Geschwindigkeit gehört, ab. Das ist für das Herz sehr interessant, weil das Blut ja aus allen Ecken und Enden des Körpers kommt. Da kommt eine ganz große Blutmasse aus der Leber; eine andere Blutmasse kommt mehr vom Kopf; wieder eine andere von den Gliedmaßen oder von der Niere her. Sehen Sie, das Herz versucht sich darüber zu orientieren, was im ganzen Körper vorgeht, was das Blut zu berichten hat. Zum Beispiel merkt das Herz ganz deutlich, daß das Blut, das von der Leber kommt, von der ganzen unteren Körperhälfte über die untere Hohlvene, wärmer sich anfühlt und auch wärmer ist, als das Blut, das vom Kopfe kommt. Das ist kühler. Das hat die Wissenschaft nun selbst gemessen und ist damit demjenigen auf die Spur gekommen, was sonst das Herz alleine weiß.

Ein anderes Beispiel dafür, wie wachsam das Herz ist, ist das Folgende: Wenn Sie eine Treppe rasch hochsteigen, vielleicht vier oder fünf Treppen, werden Sie plötzlich bemerken, daß Sie tiefer atmen. Sie werden, wenn Sie feiner beobachten, merken, daß das Herz schneller schlägt. Wieso schlägt das Herz schneller? Nun, weil das

1) Wir gehen dabei von dem grundlegenden Hinweis R. Steiners aus, daß auch den sogenannten motorischen Nerven sensible Funktionen zukommen, welche „der inneren Wahrnehmung desjenigen Stoffwechselvorganges dienen, der dem Wollen zugrundeliegt“ (s. R. St. „Von Seelenrätseln“ 1. Aufl. S. 246).

Blut schneller kreisen muß. Warum muß es schneller kreisen? Weil die Beine in Bewegung sind. Die Beinmuskeln brauchen Sauerstoff, d. h. das Blut muß mehr Sauerstoff hineinbringen, das Herz muß also schneller arbeiten. Das Herz kommt dem nach. Es weiß sofort: aha, jetzt sind die Beine in Bewegung, das Blut ist sauerstoffärmer, die Beine würden innerlich ersticken, ich muß sehen, daß die Lunge da mithilft. Schon schlägt das Herz schneller und der Atem wird tiefer. Das Herz wird aktiviert in dem Maße, wie die Beine oder der ganze Mensch sich aktivieren. Das geht aber nicht von selber. Das Herz bemerkt das. Es hat wahrgenommen, daß das Blut nicht mehr die richtige Zusammensetzung in den Beinen hat. Sie würden ja ersticken, die Beine, und man würde rasende Schmerzen in ihnen bekommen, wenn nicht in der richtigen Weise das Blut dem Willensprozeß beim Gehen nachkäme. Es gibt ja auch solche Krankheiten, wo die Gefäße in den Beinen eng sind und der Mensch vor Schmerzen stehen bleiben und warten muß, bis das Blut soweit nachkommt, daß er wieder laufen kann. Das nennt man intermittierendes Hinken. Es ist ein ganz bestimmtes Krankheitsbild, wo die Beingefäße erkrankt sind.

Also die Tatsache, daß das Herz schneller schlägt, wenn man eine körperliche Leistung vollbringt, zeigt: das Herz hat gut aufgepaßt und stellt sich ein auf die Art, wie jetzt der Mensch mit seiner Seele in den Leib eingreift. Sobald Sie sich aber in aller Ruhe an Ihren Schreibtisch setzen, werden Sie merken, schon schlägt das Herz langsamer, wird ruhiger, weil der Wille selber nur noch minimale Betätigungen macht, irgendeinen Federhalter dirigiert oder dergleichen. Das Herz ist also ein Sinnesorgan für den Kreislauf.

Um etwas beobachten zu können, verehrte Zuhörer, ist es immer gut, wenn man die Sache in aller Ruhe vor sich hat. Nicht wahr, es ist schwer, an einem Kraftwagen, der mit 120 Kilometer auf einer großen Straße vorbei rast, sich schnell die Nummer zu merken, zu sehen, wieviel Leute darin saßen, ob der Chauffeur eine Zigarette geraucht hat oder nicht usw. Das alles ist aber kein Kunststück, wenn der Wagen hält. Da kann man die Nummer feststellen und alles sich angucken. Dann kann er ja weiterfahren. Es ist schon ein Geheimnis in der Welt, daß, wenn Sie etwas beobachten wollen, Sie Ruhe dazu brauchen und daß Sie etwas um so besser beobachten können, je stiller es sich hält. Machen wir uns außerdem nochmals klar, daß unsere Sinnesorgane ja Spiegel sind und unser Gehirn, wir wir schon sagten, auch ein großartiger Zauberspiegel ist, womit man sich ein Bild machen kann von der Welt und von sich selber. Ein Spiegel, der funktioniert überhaupt nur, wenn er eine möglichst glatte, ruhige Fläche hat. Wir können als Beispiel den Wasserspiegel nehmen. Solange das Wasser noch irgendwelche Eigenbewegungen hat, sich kräuselt, feines Wellenspiel zeigt, dann sehen Sie darauf das Wellenspiel und nicht Ihr eigenes Bild. Das ideale, nicht verzerrte Bild bekommen Sie erst, wenn der Wasserspiegel absolut glatt geworden ist. Ich sagte deshalb auch in der letzten Stunde, man kann die Seele im Gehirn verstehen, wenn man sich einen Schwimmer vorstellt, der dem Wasser entsteigt und vom Ufer aus nun sich selber sieht im ruhigen Wasser, das er nicht mehr in Bewegung versetzt. Also mit dem Sinnes-Nerven-System, mit der Spiegelbildung und mit der Entstehung des Bewußtseins ist verbunden die Ruhe, das Anhalten, das Abstoppen.

Wir haben gesehen, daß das Gehirn viele Dinge abstoppt, sogar die Regenerationsfähigkeit, wie es alle Beweglichkeit seiner Hirnwindungen abstoppt – wir nannten es damals ein untätiges Organ, äußerlich gesehen – und merkten erst, daß seine Regsamkeit auf einem ganz anderen Gebiete liegt. So ähnlich geht es mit dem Herzen. Das Herz muß sich auch hier ein Beispiel nehmen am Gehirn, wenn es beobachten will, wissen will, was vorgeht im Blut und sich ein Bild davon machen will, was im gesamten Körper vorgeht, ob z. B. der Körper friert.

Um in dieser Weise aufmerksam sein zu können, um so beobachten zu können, braucht auch das Herz trotz aller Aktivität und Beweglichkeit das Element der Ruhe, das Element des Anhalten- und Abstoppen-Könnens. Da schaut es sich etwas ab vom Kopfe. So ist das Herz das großartige Organ, welches das Blut zum Stillstand bringt! Nirgends im Körper darf sonst bei einem gesunden Menschen das immer kreisende, immer strömende, das lebenanregende Blut zum Stillstand kommen. Nur im Herzen darf es das! Dazu hat das Herz etwas erfunden, was das Gegenteil ist von der Regsamkeit des roten Muskels und das sind die Herzklappen: diese Klappen, die sich schließen, als Schranken auftreten und das Blut anhalten. Wenn das Blut von oben und von unten im rechten Vorhof zusammenströmt, erlebt es die große Überraschung: Jetzt geht es nicht mehr weiter! Nun, das ist natürlich nicht sehr lange, aber es ist doch entscheidend. Hier wird zum ersten Mal das Blut abgestoppt. Sie können das vergleichen mit dem, was vorgeht, wenn man von einer Landesgrenze zur anderen kommt, selbst wenn Sie nur in die Schweiz reisen: Zollkontrolle, Anhalten, Abstoppen! Sie haben es aber eilig. Warum werden Sie angehalten, warum werden Sie abgestoppt, warum müssen Sie Zeit verlieren, trotzdem man D-Züge einrichtet? Weil dieser Bezirk, der sich Schweiz nennt, an der Grenze seine „Sinnesorgane" hingestellt hat, seine Aufpasser. Weil die Schweiz wissen will: was kommt da alles herein, wie sieht das aus, wird da etwas durchgeschmuggelt usw.? Wo man etwas beobachten will – das sagte ich vorhin schon –, muß man die Dinge anhalten. Hat man sie beobachtet, läßt man sie wieder laufen. Genau so macht es das Herz. Ich will nicht sagen, daß es eine große Zollstation ist – das Blut ist ja nicht mit Pässen ausgerüstet –, aber es könnte schon sein, daß das Blut einiges durchschmuggeln will, was sich nicht so recht gehört. Da muß das Herz aufpassen, und das tut es, indem es das Blut anhält und viermal dem Blute zuruft: stop, stop, stop, stop! Das ist der tiefere Sinn der Herzklappen.

Diese Herzklappen haben eine Art Mittelstellung, schon dem Aussehen nach, zwischen Nerv und Knochen. Sie sind regelrecht sehnig, hart, blut- und muskellos. Es gibt sogar bestimmte Tiere, bei denen die sehnige Bindegewebsplatte, in der die Klappen verankert sind, tatsächlich bis zu einem Knochen sich verhärtet. So wie immer die Natur ihr Geheimnis irgendwo offenbart, zeigt sie uns auch hier, daß das Herz den Mut hat, die Prozesse der Verknöcherung, des Anhaltens, des Erstarrens, die im Kopf so außerordentlich ausgebildet sind, in sich hineinzunehmen. Am Kopf sind alle Knochen verzahnt, da gibt es keine Gelenke mehr und die Gehirnwindungen sind starr und ruhig. Da herrscht dieses Element der Ruhe, der Erstarrung vor, das seinen Höhepunkt in der Knochenbildung hat. Das müssen Sie zusammen sehen, daß das Herz ein Nervensystem hat und daß es so blutleere Organe hat wie diese Klappen, die hoch empfindlich sind. Man kann das symbolisch vielleicht so zeichnen, daß man ein Kreuz da hineinsetzt und es auffaßt als Ausdruck für die Kräfte, die da tätig sind und dem Herzen eine gewisse Festigkeit, eine gewisse Härte, eine Anhaltekraft, aber auch ein Zurückweisenkönnen geben. Wenn das Blut z. B. in der Lunge war, im kleinen Kreislauf, und wiederum zurückkommt in die linke Vorkammer, dann wird es nochmals angehalten und erneut überprüft: Hat es die richtige Farbe, ist es richtig aufgefrischt, ist die Luft draußen gut gewesen, in der die Lunge atmen muß usw.? Das Herz merkt das und sagt: ja, es ist in Ordnung. Dann darf das Blut – nachdem es nochmals in der linken Herzkammer angehalten wurde – weiterströmen durch die große Schlagader in den ganzen Körper und erfrischt und belebt uns.

Sie haben jetzt das Herz, verehrte Zuhörer, auch als Sinnesorgan kennengelernt. Sie haben es kennengelernt in dem Anteil, den es hat am Sinnes-Nerven-System. Es ist ein Organ, das die Fähigkeit hat, sich ein Bild zu machen von der Blutbewegung und von der Blutbeschaffenheit. Sie sehen, es hat Anteil am einen Pol des Menschen, dem Vorstellungsleben und hat Anteil am andern Pol, am Willensleben, am Gliedmaßen-Stoffwechselgeschehen.

Aber wenn man nun fragt, was denn eigentlich die Grundkraft des Herzens sei, muß man doch sagen: das ist d e r R h y t h m u s! Es ist diese Möglichkeit, die Waage halten zu können, ausgleichen zu können, immer nach zwei Seiten hin blicken zu können zwischen dem Sich-Zusammenziehen und dem Sich-Ausdehnen. Denn bedenken Sie einmal: das Herz muß das Blut abstoppen und im Herzen bekommt das Blut wieder Bewegung. Zwischen Ruhe und Bewegung muß das Herz das Gleichgewicht halten! – Das Blut strömt heran, da ist ein gewisses Angebot. Der Körper braucht wieder Blut; da ist eine gewisse Nachfrage. Zwischen Angebot und Nachfrage muß das Herz die Mitte halten! Wenn der Körper mehr Blut braucht, muß das Herz aufpassen, daß das Blut die richtige Geschwindigkeit entwickelt und mehr hinströmt. – Das Blut hat eine gewisse Schwere und will absacken. Im Herzen jedoch ist der Ort, wo das Blut wieder den nötigen Auftrieb gewinnt. Zwischen Schwere und Auftrieb muß das Herz die Mitte halten! – Das Herz arbeitet sogar einheitlich mit seinen verschiedenen Hälften, denn eigentlich besteht es aus „zwei Herzen". Es gibt ja wirklich ein rechtes Herz, das ganz selbständig arbeitet, dem venösen Kreislauf sich anschließt und das Blut in die Lunge schickt, und das linke Herz. Dieses könnte vielleicht getrennt davon ganz woanders in der linken Brusthälfte sitzen und müßte auch funktionieren. Zwei Herzen arbeiten fortwährend zusammen und bilden eine höhere Einheit. Rechts und Links werden so fortwährend zum Gleichgewicht geführt. – Das Herz ist ausgerichtet nach allen Organen, nach der ganzen organischen Innenwelt des Menschen, sofern es den großen Kreislauf betrifft. Im kleinen Kreislauf hingegen, wo das Herz das ganze Blut zusammenfaßt und in die Lunge schickt, ist es in Verbindung mit der Außenwelt. Hier kommt das Blut nun mit der Atmosphäre in Berührung, also mit der Außenwelt in Gestalt der Luft. Wiederum muß es die Mitte halten zwischen innen und außen, zwischen den Körperorganen und dem, was das Blut da erfährt, und zwischen dem Lungenorgan, das die Hingabe an die Außenwelt hat. Überall muß das Herz in der Mitte stehen, zwischen links und rechts, zwischen oben und unten, zwischen Innen und Außen und Harmonie schaffen. Um das zu können, muß das Herz so etwas sein – man möchte sagen – wie ein Musiker. Denn wie soll es Harmonie erzeugen, ohne musikalisch zu sein? Es müßte ein feines Einfühlungsvermögen besitzen. Und in der Tat, eine dritte Grundkraft unserer unbewußten Seelentätigkeit, aus der das Herz lebt, ist die Kraft des Fühlens.

Wenn Sie mit Interesse, mit Liebe, etwas beobachten, dann haben Sie eine bestimmte seelische Einstellung. Um etwas zu spiegeln, brauchen Sie nur den kalten Verstand und das Gehirn. Aber um etwas sorgfältig, mit Interesse, mit Hingabe zu beobachten, da brauchen Sie die Mitte des Menschen, die seelische Kraft des Fühlens, des

Interesses, des Sich-Öffnen-Könnens. An dieser Kraft hat das Herz einen inneren Anteil, an diesem Sich-Öffnen-Können, diesem Erfühlen-Können; das gibt ihm diese Aufnahmebereitschaft gegenüber dem ganzen Blut des Leibes; gegenüber allem, was da heranströmt und herankommt, entwickelt das Herz eine Art Hingabe. Auf der anderen Seite aber braucht das Herz ja etwas von der Seelenkraft, auf die wir hindeuten, wenn wir einen Menschen mutig nennen. Das Herz braucht, um seine Aufgaben erfüllen zu können, nicht nur eine Kraft, die willensmäßig darauf los arbeitet mit dem Herzmuskel, sondern die wirklich mit Mut zupackt – beinahe möchte man sagen – mit einer gewissen Begeisterung die Arbeit vollzieht. Und wirklich, das Herz arbeitet mit einer großen, schier unerschöpflichen Portion Lebensmut. Sie werden sagen: woher weiß man denn so etwas, daß das Herz Lebensmut hat? Nun, das merkt man am Gegenteil, genau so, wie man dann erst sich besondere Gedanken über den Sonnenschein macht, wenn die Sonne gerade einmal verfinstert wird. Dann macht man sich besonders Gedanken über das Licht, wenn die Sonne verfinstert wird. So kann man am Herzen dann, wenn es krank ist, etwas ablesen. Wenn es nicht mehr richtig funktioniert, kann der Mensch durch das Herz in ungeheure Angstzustände kommen. Sobald das Herz seiner Arbeit aus bestimmten Gründen nicht mehr nachkommen kann, entsteht die Herzenge, die Herzangst, die Angina pectoris, welche im schweren Anfall ungeheuren Schmerz bereitet und in dem Menschen aus dem Herzen eine Todesangst aufsteigen läßt, die durch nichts seelisch zu bekämpfen ist. Da nützen kein Zureden, Beruhigen oder Trostworte! Das alles hilft nichts. Da können Sie nur eine entkrampfende Spritze machen und dem Herzen direkt zu Hilfe kommen. Es ist eine unvorstellbare Angst, die derjenige, der sie gehabt hat, schildert als einen Abgrund. Das ist auch verständlich, denn das Herz, bzw. der Mensch spürt: wenn das jetzt so weiter geht, ist in wenigen Minuten alles aus. Es ist der Abgrund des Todes, den das Herz spürt, und daher entwickelt es solch ein Angstgefühl. Ein Organ, das dieses Angstgefühl ausstrahlen kann, hat normalerweise natürlich auch die Gegenkraft, nur merkt man sie nicht. Seine Urkraft ist der

Lebensmut. Als man im Mittelalter dem tapferen Ritter Richard Löwenherz seinen Beinamen gab, hat man so etwas noch gewußt! So arbeitet das Herz aus diesem Wechselspiel der Hingabe einerseits und der mutvollen Aktivität andererseits. Sie sehen, das Herz hat Anteil an der Seelenkraft des menschlichen Fühlens. Im Herzen steckt ein ganzer Mensch! Sofern es Muskeln hat und Willen entfaltet, hat es Anteil am Gliedmaßensystem; sofern es aber das Blut zur Ruhe bringt, es abstoppt, mit den Nervenprozessen beobachtet und abtastet, um sich ein Bild zu machen, hat es Anteil am Nervensystem und seinen seelischen Prozessen; und dann hat das Herz als rhythmisches, den Ausgleich schaffendes Organ Anteil an den Seelenkräften des Fühlens. Deshalb kann gar keine Rede davon sein, daß das Herz eine Pumpe ist. Es ist ein lebendiges, von kraftvoller Harmonie durchdrungenes Organ, ja, es ist mehr als das, es ist ein durch und durch beseeltes Organ. Und so wie die Saiten eines Klaviers in Resonanz mitzuschwingen beginnen, wenn eine menschliche Stimme ertönt, so erlebt das Herz alles mit, was in unserer Seele vorgeht. Es hüpft vor Freude, schlägt höher vor Erwartung oder stockt vor Schrecken. Die fühlende Seele braucht in allen ihren Stimmungen das Herz mit dem Zirkulations- und Atemrhythmus als Grundlage, so wie die Obertöne den zugehörigen Grundton.

Weil natürlich die Seelenkraft des Herzens ein wesentlicher Teil unserer Gesamtseele ist, hat es einen Sinn zu fragen, wie ein Mensch sein Seelisches entwickelt: Ob er mehr auf den Kopf abgestimmt ist, bereit ist, die Welt kalt und nüchtern zu spiegeln, zu analysieren und zu zerlegen, oder ob er die Wurzeln seiner Seele mehr im Herzen empfindet und gemütvoll mehr auf das abgestimmt ist, was seelisch im Herzen lebt und das Herz ausgestaltet. So können wir durchaus einen Menschen danach beurteilen, ob er mehr offenherzig ist oder mehr engherzig, ob er sich mehr an jener Seite des Herzens orientiert, welche das Blut anhält und alles vorsichtig prüft, oder ob er sich mehr an der Seite im Herzen orientiert, die bereit ist, alles zu empfangen und schwungvoll wieder zu verschenken. Es kommt darauf an, die richtige Waage zu halten zwischen der nötigen Engherzigkeit, die man ja manchmal braucht im Leben, und allzu großer

Weit- und Offenherzigkeit. So wie das Herz abtastet z. B. zwischen dem wärmeren Blut von unten und dem kühleren Blut von oben, und ein den ganzen Organismus befeuerndes Organ ist, so wird der Mensch sich selber fragen müssen: bin ich eigentlich ein kaltherziger Mensch oder bin ich ein warmherziger Mensch? Lasse ich mich schwer oder vielleicht zu leicht entflammen? Man wird über manchen denken: das ist ein empfindsamer oder ein weichherziger Mensch, vielleicht auch ein Feigling. Oder man sagt: er hat statt eines Herzens einen Stein in der Brust, er ist ein hartherziger Kerl. Der zu großen Empfindsamkeit steht die Grausamkeit gegenüber. Nun, das Ideal wäre, wir könnten uns alle sagen, wir sind seelisch so in Harmonie, so ausgeglichen zwischen oben und unten wie das gesunde Herz. Wer von uns aber kann so die Mitte halten zwischen aufmerksamer Hingabe an die Welt und mutvoller Aktivität, wenn es auf die Arbeit ankommt, wie das Herz? Einen solchen Menschen gibt es kaum. Bei ihm könnte man aber nicht von einem offenherzigen oder engherzigen, einem hart- oder weich-herzigen Menschen sprechen. Ihn könnte man eigentlich nur einen wahrhaft herzlichen Menschen nennen. Herzlich alles empfangend, alles beobachtend, für alles ein Herz habend, aber nicht nur in der Theorie, auch in der Praxis, wenn es darauf ankommt, herzhaft helfend zuzupacken. Das ist in gewisser Beziehung, könnte man sagen, das Ideal eines Menschen. Wer zwischen herzlicher Offenheit und herzhaftem Zupacken die Mitte hält, findet als Mensch aus der Kraft eines durchsonnten Gemüts heraus stets den goldenen Mittelweg im Leben. Das wäre ein seelisch gesunder Mensch.

Natürlich ist das Herz, das so in dem Spannungsfeld des gesamten Menschen darinnen steht, immer in Gefahr, auch zu erkranken – nicht aus seiner eigenen, großartigen Natur heraus, sondern aus dem heraus, was ihm der Kopf zumutet an den Folgen ungeordneter Sinneseindrücke, an Überwachheit und Gefühlskälte, oder was ihm die Gliedmaßen zumuten an übertriebener Arbeitsleistung und Hast, aber vielleicht auch an dem, was das Blut ihm zumutet an einem Übermaß ungeläuterter Triebe und Leidenschaften, die ja das Herz auch in Unruhe versetzen. Besonders schädlich aber sind ihm heftige

Gemütsbewegungen. Wenn der Mensch vor Zorn mit der Faust auf den Tisch schlägt, muß das Herz dies alles mitmachen. Das Herz hat es auszubaden, wenn wir vor Wut „kochen“ oder vor Schreck erstarren möchten. Es muß sofort schneller oder langsamer schlagen und dem Blutkreislauf folgen, wenn wir einen roten Kopf bekommen. Alles beobachtet das Herz, alles macht es mit. Andererseits erlahmt auf die Dauer die unbewußte Seelenkraft des Herzens, wenn sie nicht ein Echo findet in einem Gemüt, das durch Andacht, Liebe und Begeisterung für echte Lebensideale gepflegt wird. Wenn wir dann außerdem das Leben unrhythmisch zubringen oder uns einfach disharmonisch benehmen müssen, weil das Leben uns das abverlangt durch die heutigen Zivilisations- und unsere Berufsverhältnisse, dann versagt schließlich auch das beste Herz. Dann wird das, was seelisch kaltherzig ist, im Herzen engherzig und hartherzig; dann verkrampft es sich, verengt seine Gefäße und verkalkt zuletzt. Es erbleicht gewissermaßen innerlich. – Wenn ihm aber zuviel zugemutet wird von der Seite des Stoffwechsels, zum Beispiel von der Leber her, weil der Mensch vielleicht zuviel ißt oder trinkt, dann wird das Herz allmählich „weich“, dann erweitert es sich oder verfettet und kann seine Gestalt nicht mehr bewahren. Statt zu versteinern, droht es nun sich aufzulösen. Dann kommen mehr die entzündlichen Krankheiten zustande, vielleicht eine Herzmuskelentzündung, bei der auch immer die Gefahr einer Herzerweiterung gegeben ist. Da entsteht etwas wie eine *organische* Weitherzigkeit, so wie eine Angina pectoris, der Gefäßkrampf, eine organische Eng- und Hartherzigkeit ist. Wenn es soweit kommt, daß das Herz nicht mehr die Mitte halten kann und von dem einen oder anderen Pol des Menschen vergewaltigt wird, dann müssen wir zur weisen Mutter Natur zurückkehren, die dann in Reinheit aus dem Gesamtkosmos heraus so etwas liefert wie die Pflanzenwelt. Da finden sich aus dem Weltenrhythmus geschaffene Kraftreservoire, woraus wir dem Herzen dann etwas vermitteln können: Härte- und Festigungskräfte, wenn es zu weich wird; belebende, durchwärmende Kräfte, wenn es zu hart und zu eng wird. Das ist dann Sache des Arztes, das Herz zu beobachten und den rechten Griff zu tun in die Natur.

Das kann er nur, wenn ihn das Herz gelehrt hat, in Herzlichkeit die Natur zu beobachten, und er kann wiederum nur das richtige Heilmittel geben, wenn Menschen da sind, die mit rechtem Interesse, mit dem rechten herzhaften Zupacken die Naturprodukte so bearbeiten, daß der Arzt sie als brauchbare Heilmittel in die Hand bekommt, um sie dem kranken Herzen dann geben zu können.
In diesem Sinne arbeiten wir ja, verehrte Zuhörer, Sie als Bearbeiter der Heilsubstanzen und wir als Ärzte zusammen. Wir alle dürfen uns dabei selber als ein vielkammeriges Herz fühlen, das zwischen dem kranken Menschen und der gesundenden Natur vermittelt. Hoffen wir, daß in Zukunft diese Zusammenarbeit immer herzhafter und herzlicher wird.

III. Der Stoffwechsel und das Willensleben

Verehrte Zuhörer!

Wir haben in den vergangenen Werkstunden die Seele des Menschen in ihrer Zusammenarbeit mit dem Leibe verfolgt. Wir versuchten zu zeigen, wie unser Leib, unser Organismus, Instrument der seelischen Tätigkeiten ist. Er ist dies in seinen verschiedenen Organsystemen in dreifach verschiedener Weise. Immer wenn der Mensch versucht, sich Bilder von der Welt oder von sich selber zu machen, stützt er sich auf die wahrnehmende oder die die Vorstellungen ermöglichende Tätigkeit des Sinnes- und Nervensystems, das, wie wir wissen, Spiegelfunktionen hat. Das Hin und Her des Fühlens, sagten wir, webt hingegen in allen rhythmischen Prozessen, welche sich in Herzschlag und Atem zusammenfassen in einem besonderen rhythmischen System. Die Willensentfaltung unserer Seele entzündet sich in den Organen der Gliedmaßen und des Stoffwechsels, so daß wir da vom Gliedmaßen-Stoffwechselsystem sprechen. Auf dieses wollen wir heute unsere besondere Aufmerksamkeit richten.

Mit dem Willen bewegen wir unseren eigenen Körper, aber auch alle Gegenstände unserer Umwelt, soweit wir sie anzupacken oder zu verändern wünschen. Im ersteren Falle, wo wir es mit unserem eigenen Körper selbst zu tun haben, sprechen wir vom Aufrichten des Rumpfes, vom Beugen oder Strecken der Arme, vom Schließen und Öffnen der Hände oder vom Stehen, Gehen, Laufen und Springen, wenn wir mit den Beinen Bewegungen vollführen. Alle solche Bewegungen im eigenen Körper in ihrer Mannigfaltigkeit sind ja die Voraussetzungen dafür, daß wir nun mit Hilfe des Körpers die Stoffe und die Gegenstände der Welt bewegen können. Dabei bilden die Muskeln den Brennpunkt des Einsatzes unserer Willensbetätigung, die sich in ihnen entfaltet und der Außenwelt zuwendet.

Jeder sichtbaren äußeren Bewegung geht die innere Beweglichkeit der Muskeln voraus, die sich verhärtend zusammenziehen und wie-

der lockern und entspannen. Jeder äußeren Formgebung entspricht ein inneres Durchplastizieren der Muskelmassen.
Sobald wir körperlich tüchtig und schwer arbeiten oder eine Arbeit beschleunigen – vielleicht auch, wenn wir genötigt sind, anstatt zu gehen, eine Zeitlang zu rennen –, dann werden wir unter allen Umständen warm, wärmer als wir vorher waren, wir fühlen uns vielleicht sogar heiß, wir geraten ins Transpirieren. In der Tat, meßbar steigt die Temperatur im Körper an, und wenn man mit dem Thermometer mißt und nicht weiß, was vorausgegangen ist, könnte man annehmen, der betreffende Mensch habe Fieber.
Aber diese Überwärmung ist natürlich kein echtes Fieber, sie geht schnell wieder vorbei, der Organismus bringt das sehr rasch wieder in Ordnung. Aber das alles zeigt uns, daß die Wärme und die Prozesse, die sich in der Wärme abspielen, das feine Tor sind, durch das die Seele, wenn sie wollend die Welt und den Körper ergreifen will, ihre Absichten verwirklichen kann. Wir alle wissen, daß Arme und Hände, wenn sie einmal vor Kälte klamm geworden sind, unbrauchbar sind für das feine Spiel der Willenskräfte, das wir etwa beim Musizieren oder Schreiben ausüben. Also über die Wärme können wir den Körper so ergreifen, daß die Seele als wollende Seele auftreten kann. Dabei finden in dem Instrument, das dazu nötig ist, in dem vorhin genannten Muskelsystem, wirklich reale Verbrennungsvorgänge statt. Diese bahnen der Seele den Weg in die Stofflichkeit. Zugleich schließt sich die Seele auf diesem Weg, indem sie die Verbrennungsvorgänge im Muskel anregt, die Energien auf, die physische Kraftentfaltungen ermöglichen.
Sie werden leicht verstehen, daß gerade die Wärme erforderlich ist, um den Willen entfalten zu können, also um den Stoff anpacken zu können, um arbeiten zu können. Denn wenn man die Wärme verfolgt, dann ist sie es ja, die alle Stoffe ausdehnen und schmelzen kann, sie in Bewegung und gegenseitige Verbindung bringt und tiefgreifend verändert. Auch einen anderen Hinweis haben wir, daß die Willensentfaltung mit dem Feuer, mit den verborgenen Flammenprozessen in uns zusammenhängt. Wir empfinden ja den Choleriker, der zweifellos ein willensbetonter Mensch ist, als das feurige Temperament.

Und wenn ein Mensch seinen Willen nicht mehr beherrscht und vielleicht mit der Faust auf den Tisch schlägt, dann sagen wir: er kocht vor Wut, er glüht vor Zorn. Aber es ist manchmal gut, daß es auch solche Hitzköpfe gibt, denn die zeigen uns ja gerade, daß der Wille mit der Wärme, mit dem Feuer zu tun hat. Dazu braucht er immer das Instrument unserer Gliedmaßen, ihr Zusammenspiel, und im Feineren gesehen eine großartige Zubereitung der Stoffe, die z. B. im Muskelstoffwechsel benötigt und verbrannt werden. Es braucht überhaupt unser Organismus fortwährend Stoffe, um sein Leben vollführen zu können. Er scheidet Stoffe aus, verbraucht sie, er wandelt sie innerlich um und bedarf fortwährend der Zuführung neuer Stoffe. Der Organismus ist in uns in dauernder Bewegung. Er bewegt die Stoffe, er transportiert sie hin und her, er knetet sie durch, aber vor allem verändert er sie auch chemisch, so daß sie den Lebensprozessen gemäß sind. Alle diese Grundvorgänge fassen wir mit dem Ausdruck Stoff-Wechsel zusammen. Wir dürfen sagen: allen Stoffwechselprozessen des Menschen liegen feine, unbewußt bleibende Willensprozesse zugrunde. Denn nur mit dieser verborgenen Kraft des Willens kann der Mensch in der richtigen Weise in sich die Stoffe bewegen und ihre chemischen Veränderungen so dirigieren, wie es nötig ist. Umgekehrt braucht die Seele, wenn sie aus dem Bereich des bloßen Bilderschaffens, des Nur-im-Bilde-Lebens im Kopfe, heraustreten und an die äußere Wirklichkeit herantreten will, die Stoffprozesse, den Stoffwechsel als Grundlage, um den Weg zum eigenen Körper, aber auch zur Welt der Materie, zur Welt der Arbeit, zur Erde zu finden.

Wir wollen heute diesen Stoffwechselwegen etwas nachgehen. Dabei kommen drei Grundbetätigungen in Betracht: die ganze Stoffaufnahme, die wir im allgemeinen als Ernährung bezeichnen, die Ausscheidung der verbrauchten, schlackenhaften Stoffe auf der anderen Seite, also dieses ganze Wechselspiel zwischen Aufnahme und Absonderung. Dazwischen aber liegt das weite und schwer zu übersehende Gebiet der Verarbeitung der Stoffe im Organismus, in seinen verschiedensten Organen, ihre Verschickung, ihre Abwandlungen, ihr Kreisen usw. Der Anfang des Stoffwechsels sind die Prozesse der Ernährung, die mit dem Essen beginnen. Aber dem Verzehren eines Stückes Brot, einer Mittagsmahlzeit, geht das voraus, was die Hausfrau oder die Köchin verrichten. Es ist ganz gut, wenn wir einmal die Hausfrau bei einer bestimmten Arbeit beobachten, z. B. bei dem Backen eines Kuchens oder wenn wir sonst einen Menschen beobachten, der eine Arbeit tut. Denn da entfaltet er ja seinen Willen. Und an dieser Entfaltung des Willens, die jeder kennt, die jeder erlebt, der jeder zuschauen kann, kann man vieles ablesen und sich Orientierungen bilden, um dann in die verborgenen, viel schwerer überschaubaren Willensbetätigungen im menschlichen Organismus hineinzusehen.

Beobachten Sie etwa einen Menschen, der Holz hackt. Dabei muß er immer ein Stück Stoff, eben das Holzscheit oder den Ast, den er zerkleinern will, ergreifen. Er übt eine Bewegung aus und wirft schließlich das gehackte Holz wieder weg. Sie sehen, es ist immer ein Ergreifen des Stoffes und ein Wiederloslassen; es geschieht ein Verändern, ein Zerkleinern, so daß das Holz herumfliegt, zerstreut wird; aber dann greift der Wille wieder zu und fängt an, alles aufzustapeln, zu sammeln und zu ordnen, bis es dann wieder auseinandergenommen wird, wenn man mit diesem Holz endgültig Feuer machen will, also es seiner Bestimmung im Ofen zuführt. – Schauen wir jetzt einmal der Hausfrau zu, die in diesem Ofen den Kuchen bäckt, die da in ihrer Küche tätig ist. Was wird gemacht? Sie ergreift die verschiedensten Stoffe, das Mehl, den Zucker; sie mißt dabei ab die Milch oder das Wasser, das sie braucht, sie wiegt die Menge des Mehles ab und des Zuckers, sie zählt die Eier; und wir werden sehen, wie bei der Bearbeitung des Stoffes das Messen, das Zählen, das Wiegen eine ganz besondere Rolle spielen. Immer spielen dort, wo der Mensch es mit dem Stoff zu tun hat, draußen in der Welt, aber auch drinnen in seinem Körper, Maß, Zahl und Gewicht eine besondere Rolle. Wenn mit den genannten drei Ordnungskräften gearbeitet wird, dann wird das Arbeiten zielbewußtes Vorgehen, dann hat unsere Arbeit erst einen Sinn. Das ist ja, wenn die Hausfrau einen Kuchen bäckt, ganz besonders deutlich. Sie mischt dann die verschiedenen Stoffe in ganz bestimmten Mengen, sie bringt sie in Bewegung, sie rührt den Teig, sie knetet ihn durch und formt ihn schließlich. Oder Sie beobachten, wie sie das Ei herholt; dabei sondert sie das Unbrauchbare, die harte Kalkschale, ab von dem Brauchbaren. Das Brauchbare trennt sie wiederum in das Eiweiß und in das Eigelb. Das behandelt sie in ganz verschiedener Weise: Das Eiweiß wird geschlagen, das Eigelb wird verrührt, und dann wird es wiederum zusammengeführt. Also es ist hochinteressant zu sehen, wie die menschliche Seele, wenn sie wollend sich betätigt, mit dem Stoff umgeht.

Es hat aber jede Willensbetätigung nicht nur diese genannte äußere Seite mechanischer Verarbeitung des Stoffes, sondern sie hat ja auch eine moralische Seite, die man ebenfalls nicht nur theoretisch zu erfassen braucht, die jeder ganz konkret an sich oder seinen Mitmenschen erlebt. Wir nennen eine Frau, die rasch und eifrig dabei ist, den Kuchen zu backen, eine „fleißige Hausfrau". Wenn sie in der richtigen Weise das Maß nimmt, abwiegt und der Kuchen auch gelingt, dann sagen wir, das ist eine gute und tüchtige Hausfrau. Wenn sie das alles aber träge macht, schlampig und langsam usw., dann ist sie schon in Gefahr, unordentlich zu werden, oder wir nennen sie eben eine träge oder schlechte Hausfrau. Vielleicht geht sie aber auch übereifrig vor, ist in ihrer Arbeit hastig, arbeitet zu schnell, weil sie an ganz andere Dinge denkt oder weil die Zeit drängt. Um den Willen zielvoll zu betätigen, muß man eben immer zwei Gefahren in Kauf nehmen: daß man zu langsam arbeitet oder zu schnell. Aber immer ist ja eigentlich der ganze Mensch bei der Arbeit dabei. Wir haben gesehen, wie zum ganzen Menschen, zur ganzen menschlichen Seele, das Fühlen und das Sich-ein-Bild-Machen, das Vorstellen und Denken immer dazugehören. Wir dürfen voraussetzen, daß die Hausfrau, wenn es z. B. ein Geburtstagskuchen ist, ihn mit Liebe bäckt, zum mindesten mit Sorgfalt oder einem besonderen Interesse bei der Arbeit ist. Es wäre schlimm, wenn sie den Kuchen völlig gleichgültig backen würde; es wäre andererseits auch schlimm, wenn sie das dauernd in einer Art gereizter Stimmung tun würde, vielleicht verkrampft und ärgerlich dabei wäre. Es gibt da alle Möglichkeiten. Die Hausfrau kann übermüdet sein, da läßt sie vielleicht das Ei fallen, weil sie notgedrungenermaßen nicht mehr ordentlich arbeiten kann, es ist dann unter Umständen das Willensleben zu schwach. Sie können sich aber auch noch einmal den Holzhacker vorstellen, der vielleicht so einen richtigen „Knorzen“ in die Hand bekommt, in dem drei Äste sind. Nun haut er darauf los und kommt nicht zurecht. Er haut weiter zu, die Axt bleibt darin stecken, und er bekommt sie nicht mehr heraus. Da sagt er sich: das gibt es nicht, daß ich sie nicht mehr herausbekomme und macht leidenschaftliche Anstrengungen. Schließlich verbeißt er sich so richtig in seine Arbeit. Wenn Sie dann an den Mann herankommen und ihm klarmachen wollen: „Mach' doch mal etwas langsam, packe die Sache von einer anderen Seite an, dann wird es bestimmt viel besser gehen“ – dann bekommt er, wenn es der vorhin genannte Choleriker oder Hitzkopf ist, einen Wutanfall, und Sie laufen Gefahr, ein Stück Holz an den Kopf zu bekommen. Da sehen Sie, wie der Wille nach einer bestimmten Richtung ausschlägt, zu heftig wird, in die Gefahr der Verkrampfung kommt, der Verbissenheit. Es ist wichtig, daß wir uns das einmal zum Bewußtsein bringen: Die Willensbetätigung muß mit Maß erfolgen und steht immer zwischen zwei Gefahren. Wenn wir das im Auge behalten, dann lernen wir außerordentlich viel für eine lebendige und richtige Betrachtung der Stoffwechselvorgänge im Menschen, für das, was zum Beispiel unser Magen mit der Nahrung, also dem Stoff, den wir ihm zuführen, macht, oder was gar die noch schwerer übersehbare Leber oder die Blutgefäße, die inneren Organtätigkeiten eben, mit dem Stoffe vollführen.

*

Nehmen wir an, es ist jetzt soweit, daß der Kuchen fertig ist, der inzwischen gebacken wurde – wobei die Hausfrau noch aufpassen mußte, daß das rechte Maß an Wärme da war, damit es nicht zu schnell oder zu langsam ging, sonst wird der Kuchen schwarz oder er bleibt „sitzen“. Wir nehmen an, daß alles in Ordnung war, weil die Hausfrau nicht nur interessiert und fleißig war, nicht nur liebevoll beim Kuchenbacken, sondern auch sehr klug und aufmerksam war; denn das letztere gehört auch zur Willensbetätigung hinzu, daß man immer sich ein Bild macht von dem, was man tut. Nun muß

ich jetzt wieder sagen: wenn man den Willen betrachtet, muß man sich klar werden, es ist immer der ganze Mensch dabei, der etwas vorstellen muß, etwas fühlen muß, um in der richtigen Weise handeln zu können. Wenn wir also nun den Kuchen essen und damit zu einem Ernährungsvorgang übergehen, sehen wir, wie da Willensbetätigungen erneut eine Hauptrolle spielen. Denn indem wir den ersten Bissen nehmen, ergreifen wir mit dem Mund, mit den Zähnen, ein Stück Stoff. Wir bearbeiten das nun, wir kauen, wir zerkleinern es, wir setzen in einer feineren Weise die Stoffzerkleinerung fort, die etwa der Holzhacker macht, wenn er mit dem Beil arbeitet oder welche die Hausfrau macht, wenn sie etwas mit dem Messer zerschneidet oder ihre Nüsse mit der Mandelmühle mahlt. Die Mahlzähne und die Schneidezähne ersetzen uns Mühle und Messer. Hier beginnen schon regelrechte Stoffwechseltätigkeiten, die durchaus von unserem Willen ausgeführt werden, dem die Kaumuskeln und dieser wunderbarste, beweglichste Muskel, den der Mensch überhaupt hat, die Zunge, zur Verfügung stehen. Wir sehen wiederum, wie es immer ein Ergreifen des Stoffes ist, ein Aufnehmen und wieder ein Loslassen im Wegschicken, im Schlucken. Da kommt auch Flüssigkeit hinzu durch den Speichel, wird etwas durchsaftet, umeinandergeknetet und schließlich wird das, was da zerstreut als Speisebrei im Mund ist, geformt. Wie die Hausfrau schließlich den fertigen Teig abformt, so formen wir den Bissen ab, der als eine kleine Speisekugel nun weggeschickt wird. Wir schlucken!
In diesem Augenblick beginnt die eigentliche Stoffwechselarbeit. Denn jetzt haben wir mit unserem wachbewußten Seelenleben mit der ganzen Sache überhaupt nichts mehr zu tun. Wir können da auch gar nichts mehr dran machen und wissen – wenn wir nicht speziell Menschenkunde oder Medizin studieren – nichts von dem, was jetzt weiter vorgeht. Was geht da nun weiter vor? Der Bissen rutscht die Speiseröhre hinunter; aber da stellt sich schon heraus, daß das nicht ein bloßes Hinunterrutschen ist, sondern ein aktives Weiterbefördern. Die Speiseröhre ist nicht bloß ein Schlauch oder eine Röhre, durch die etwas hindurchgleitet, sondern sie ist auch ein Muskel. Wie der ganze Magen, wie der ganze Dünndarm und Dick-

darm, die zusammen ja viele Meter Länge besitzen, ganz durchzogen sind von feinsten Muskelfasern, so ist auch die Speiseröhre mit einer Muskelschicht versehen, der innen eine ganz glatte Haut mit Drüsen usw. aufliegt, die wir die Schleimhaut nennen. Aber genau so wichtig wie diese Schleimhaut mit ihren Drüsen ist die Tatsache, daß das ganze Magen- und Darmsystem aus Muskeln besteht. Wenn man diese Muskelfasern genauer untersucht, dann stellt sich heraus, daß sie eine andere innere Feinstruktur haben als die Muskeln des Skeletts. Man spricht da von den glatten Muskeln, während die Muskeln des Skeletts komplizierter sind und mikroskopisch wunderbar rhythmische Anordnungen zeigen. Wo Muskeln sind – das betonten wir ja schon in der ersten Betrachtung über die dreigliederige Menschennatur –, da ist Wille wirksam. Auch im Darmgebiet entfalten sich Seelenkräfte; aber in diesem Falle sind es unbewußt bleibende Seelenkräfte, Seelenkräfte, die wir nicht in der Hand haben, von denen wir uns kein Bild machen können im Vorstellungsleben, und die wir deshalb auch vom bewußten Vorstellungsleben her, vom Kopfe her, nicht dirigieren können. Wir sprechen daher von un-willkürlichen, den Vorstellungskräften entzogenen Bewegungen. Aber deshalb verrichtet der Körper seine Arbeit nicht von selbst, das sieht nur so aus. In Wirklichkeit ist das eine äußerst aktive, sorgfältige Tätigkeit mannigfaltigster Art, die sich da in unseren Organen bei der Weiterverarbeitung des Stoffes abspielt.
Das sehen wir schon am Magen, der ein ungeheuer fleißiges Organ ist. Der bearbeitet, was an Bissen aufgenommen wird, er knetet es durch, walkt es durch, durchsaftet es, er setzt die Tätigkeit der Speicheldrüsen im Munde fort; er setzt damit aber auch sozusagen die Tätigkeit der Hausfrau fort, die ja schon das trockene Mehl mit Milch und Wasser usw. durchsetzt und damit den trockenen Stoff aufgelöst hat. Alle diese Arbeiten setzt der Magen fort. Er mischt alles, was er bekommt, noch einmal gründlich durch, zerkleinert es weiter und führt damit die Kauarbeit weiter, um die Dinge dann auch innerlich in ihrer Feinstruktur zu verändern, chemisch zu verändern, chemisch zu zersetzen und aufzuschließen. Es ist eben die chemische Veränderung des Stoffes und die innere Beweglichkeit, die

der Stoff erlangt, auch nur eine Fortsetzung der groben, mehr physikalisch-mechanischen Bearbeitung, die mit Kauen, Kneten usw. geschieht. Wiederum sind zwei grundsätzliche Möglichkeiten da: die Stoffaufnahme, das Ergreifen des Stoffes und das Absondern, das Loslassen des Stoffes. So ergreift der Magen den Stoff, er nimmt ihn in Empfang von der Speiseröhre und gibt ihn durch den Magenpförtner wiederum ab, führt ihn in den Darm über.

Dabei wird nun im Dünndarm die Betätigung der Willenskräfte, die da eine Rolle spielen, immer feiner. Der Stoff selbst ist ja jetzt auch schon in einen feineren Zustand geraten und ist aufgeschlossener. Wir sprechen vom Speisebrei. Wenn die Speise den Magen verläßt, dann darf sie keine Stücke oder Brocken mehr enthalten, sie ist ganz flüssig geworden. Der Körper hat sehr große Mengen seiner eigenen Flüssigkeit, seiner eigenen Stofflichkeit, bereits hineingegeben, um diese Verflüssigung zu beschleunigen. Wiederum sehen wir dann, wie im Dünndarm der Stoff noch weiter bearbeitet wird, sowohl chemisch als auch mechanisch. In feiner Weise tritt immer wieder das auf, daß der Stoff zerstreut wird, auseinandergelegt und über die Darmwand hin durch bestimmte Bewegungen ausgestrichen wird. Im nächsten Moment sammelt der Darm wieder, indem er sich zusammenzieht, an den verschiedensten Stellen diesen ausgebreiteten Stoff und formt lauter kleine Kügelchen daraus, wie eine Perlenschnur. So geht das immer hin und her: Zusammenziehung – Ausdehnung – Weiterbeförderung, bis der Stoff so bearbeitet ist, so zersetzt ist, so aufgeschlossen und verfeinert ist, daß er vom Organismus selbst aufgenommen werden kann durch die Darmwand hindurch. Auch das geht nicht von selber. Der Stoff, der nun Flüssigkeit ist, geht nicht passiv durch die Darmwand wie irgendeine Flüssigkeit durch ein Filtrierpapier, oder wie es der Fall ist, wenn man vielleicht Quark in ein Papier einpackt und dann bemerken muß, daß die Tasche naß geworden ist, weil etwas durchsickert. Davon ist gar keine Rede. Aktiv werden auch die Nahrungsstoffe in die Darmwand aufgenommen, so aktiv, wie Sie auch den Bissen in den Mund aufnehmen und dabei die Öffnung des Mundes betätigen, die Zunge gebrauchen usw.

Wir haben im Darm Tausende und aber Tausende feinster „Münder" und Millionen feinster „Zungen", die den Stoff heranholen, abschmecken und aufnehmen. Dabei ist Zunge und Mund eines. Diese feinen Gebilde nennen wir „Darmzotten". Diese Darmzotten sind so fein wie die Härchen eines Teppichs, so daß sich die innnere Wand des Darms wie eine Samtdecke anfühlt. In Wirklichkeit sind es Millionen zarter beweglicher, mit feinsten Muskeln versehener Zungen, die nun den Speisebrei, der durch die vorhin geschilderte Bewegung darüber hingestrichen wird, abschmecken und aufsaugen, dabei wunderbare rhythmische Bewegungen vollziehen und ihn schließlich weiterbefördern. Dann erst ist der Stoff im menschlichen Organismus wirklich drinnen. Vorher war er noch in der nach innen gestülpten Außenwelt, als die man den Hohlraum von Magen und Darm betrachten kann.

Aber auch im Dünndarm spielen entgegengesetzte Wechseltätigkeiten der Stoffbearbeitung eine Rolle. Wenn Sie z. B. eine Kirsche essen, dann merken Sie sofort, der Stein ist zu hart, er ist unbrauchbar. Sie befördern ihn heraus. Er nimmt die entgegengesetzte Richtung wie die, welche eigentlich die Nahrung nehmen muß. Auch die Arbeit des Dünndarms und der Darmzotten ist so eingestellt, daß nicht nur ein Vermischen stattfindet, sondern fortwährend ein Sondern und ein Trennen. Alles Härtere, Unbrauchbare und Schlackenhafte, was im Brot oder im Salat z. B. als Cellulose vorhanden ist, die wir größtenteils nicht aufschließen können, das wird abgestoßen, weiterbefördert und nicht aufgenommen. Sie sehen, da ist eine wirklich unterscheidende Tätigkeit. Alles, was so abgesondert, abgeschoben und weiterbefördert wird, das nimmt dann der Dickdarm auf, trocknet es, nimmt das Wasser hinweg und formt die Ausscheidungen daraus. Also auch das Unbrauchbare wird geformt, auch da noch das Brauchbare, die Säfte, die noch darinnen sind, zurückgehalten und aufgesaugt. Schließlich kommt es dann zur Ausscheidung des Darmes, womit wir nun einen ganzen Weg des Stoffwechsels durch den Menschen hindurch verfolgt haben. Alle diese Stoffbearbeitung ist also mit unbewußten Willensbetätigungen, aber auch mit dumpfen Empfindungen verbunden.

*

Weil, verehrte Zuhörer, der Wille zwei Seiten hat, so daß wir vorhin von der moralischen Seite des Willens sprechen mußten, so müssen wir auch jetzt einmal genauer darauf achten, wie der innere Organwille sich betätigt. Da erleben wir eben durchaus, daß auch dieser unbewußte Wille unter Umständen träge wird, daß diese Willensprozesse irgendwie erschlaffen und dieser innere, in den Organen sich betätigende Wille nicht mehr richtig zupackt, die Stoffe einfach liegen läßt, buchstäblich faul und träge wird. Dann sagen wir: Dieser Mensch hat einen trägen Stoffwechsel, worunter man ja meistens versteht, daß er Stuhlverstopfung hat. Aber das, was da so grob etwa als hartnäckige Stuhlverstopfung, als Obstipation – vornehmer ausgedrückt – in Erscheinung tritt, das ist in grober Weise etwas, was in feiner Weise im ganzen Organismus, in allen Organen eine Rolle spielen kann; aber dann sind wir bereits auf dem Wege zu schwerwiegenden Stoffwechselstörungen, zu regelrechten Erkrankungen. – Wir sagten vorhin: die andere Gefahr des Willens ist diese, daß man übereifrig wird, zu hastig, zu rasch arbeitet und damit die Sache nicht mehr ganz übersieht, so daß sie einem – wie das Ei der Hausfrau – aus den Händen gleiten kann. Das kann dem Magen auch passieren, ebenso dem Darm. Dann geht alles zu rasch und nicht ordentlich vor sich; dann hat der Mensch das Gegenbild der Obstipation – den Durchfall! Wiederum entgleitet ihm der Stoff und wird nicht richtig bearbeitet, weil der Darm, aus Gründen, die ganz verschiedene sein können, übereifrig tätig ist. Dieser Übereifer, wenn wir es einmal so nennen wollen, kann so weit gehen wie etwa bei dem vorhin genannten Holzarbeiter, wenn er mit dem Ast, der ihm Widerstand entgegensetzt, nicht mehr zurechtkommt. So kann es auch unserem Darm unter Umständen passieren, daß er mit seiner Aufgabe nicht mehr zurechtkommt und sich willensmäßig überanstrengt. Dann verkrampft er sich!

Oder nehmen wir ein anderes Beispiel. Ein anderes muskulöses Hohlorgan ist die Gallenblase, die ja auch mit flüssigem Stoff arbeitet. Sie nimmt die Galle zunächst einmal auf, stapelt sie auf und gibt sie fließend an den Darm ab, wenn die Galle gebraucht wird. Die Galle kommt ja aus der Leber heraus, läuft dann rückwärts und wird in der Gallenblase aufgestapelt und konzentriert. Wenn nun der Stoffwechsel träge wird und die Stoffe schon vorher nicht richtig bearbeitet wurden, dann hat unter Umständen die Galle auch nicht die richtige Zusammensetzung und wieder entfällt der Stoff dem menschlichen Organismus. Es entsteht etwas, was wir Gallengrieß oder gar Gallensteine nennen. Nun, der Körper sieht sich gezwungen, sich immer mit dem Stoff auseinanderzusetzen. Die Gallenblase versucht mit diesem Fremdkörper, der ja nun ein Stein ist, fertigzuwerden, ihn wegzuschicken und hinauszutreiben. Sie sagt: „Der gehört nicht in den Organismus, in den Bereich des Lebens. Steine gehören hinaus in die Welt draußen, dort gehören sie hin!" Die Gallenblase will das nun absondern. Das ist aber nicht so einfach. Wenn Sie einen Kirschkern ausspucken, ist die Tätigkeit, den Stoff loszuwerden, den wir nicht brauchen, rasch erledigt. Die Gallenblase versucht das also jetzt mit ihrem Willen. Sie merkt, das geht nicht, der Stein bleibt stecken. Da wird die Gallenblase unwillig. Ihre Tätigkeit wird immer heftiger, immer eifriger; schließlich wird sie so übereifrig, daß sich die Gallenblase genau so in diese Betätigung verbeißt, wie der Holzarbeiter, der mit seiner Axt im Holz stecken bleibt. Das ist jetzt allerdings eine sehr unangenehme Geschichte, denn dann hat der betreffende Mensch eine Gallenkolik. Die Gallenblase hat einen Muskelkrampf und kann nicht mehr loslassen. Sehen Sie, das Zeichen des Krampfes ist immer, daß der Wille nicht mehr loslassen kann. Nun muß man von außen zu Hilfe kommen, muß die sonstigen Willensbetätigungen und den Rhythmus der Blutzirkulation anregen, indem man die Wärme anregt, einen heißen Umschlag macht oder indem man den Organismus ablenkt. Denn er hat eine zu große Aufmerksamkeit für die Gallengegend entwickelt und ist dabei an einer Stelle aufgewacht, wo er sonst tief schläft. Dieses Aufwachen äußert sich im Schmerz. Die nötige Ablenkung erreichen wir unter Umständen erst mit einem Betäubungsmittel, mit dem wir den Organismus zwingen, die Angelegenheit zunächst einmal gründlich zu vergessen und gleichsam wieder einzuschlafen und zu entspannen. Die Gallenblase läßt dann den Stein los, wie wir ein Buch fallen lassen, wenn wir vor Müdigkeit beim Lesen einschlafen. Wir können dem Menschen eben in verschiedener Weise über eine Gallenkolik hinweghelfen.

*

Sie sehen, verehrte Zuhörer, was im Gebiete der menschlichen Arbeit und Willensbetätigung moralische und unmoralische Eigenschaften sind, was eben Charaktereigenschaften sind, das ist für den unbewußten Willen, nennen wir ihn den Organwillen oder den inneren Lebenswillen, Krankheit oder Gesundheit. Es hat keinen Sinn, die Gallenblase zu schimpfen, moralische Maßstäbe anzulegen und zu sagen: sie benimmt sich wie ein Choleriker, sie könnte sich wirklich anständiger benehmen. Da versagen moralische Maßstäbe, da wird der Maßstab von gesund und krank maßgebend. Das ist sehr wichtig, weil Sie sehen, daß trotz des Gegensatzes, der da in der moralischen Ebene und in der Gesundheitsebene besteht, doch irgendwie ein Zusammenhang zwischen beiden bestehen muß. Dies trat uns ja schon bei der Betrachtung des Herzens sehr deutlich entgegen.
Solche Zusammenhänge werden zum Beispiel beim Essen, wo die physiologischen und die seelisch-moralischen Prozesse im Stoffwechselbereich so stark ineinanderwirken, besonders greifbar. Denn wenn Ihr Charakter so ist, daß Sie dauernd hastig essen, übereifrig essen und schlingen, daß Sie die Willensbetätigungen im Munde so ausführen, daß ein anderer Ihnen sagen muß: „Hör mal, du kaust aber unordentlich, schlampig" – dann bleibt Ihr Magen davon nicht unberührt. Denn er muß nun die Arbeit leisten, die oben in der Mundhöhle nicht ordentlich gemacht wurde und muß zusätzlich kneten, zerkleinern, durchsaften usw. Immer, wenn Sie einem Menschen zuviel Arbeit zumuten und das dauernd machen, ohne daß ein ausreichender oder guter Grund dafür vorhanden ist, dann gerät der betreffende Mensch in eine gereizte Stimmung und hat keine große Lust mehr an seiner Arbeit. Er wird unwillig. Das kann man ihm nicht verdenken. Aber was Sie dem ganzen Menschen nicht verdenken können, das dürfen Sie auch dem Magen nicht verübeln, wenn dieser plötzlich in eine gereizte Stimmung kommt und man bemerkt, daß man jetzt eine Magenverstimmung hat. Wenn man

dann solch einen Magen unter dem Röntgenschirm betrachtet, dann ist das sehr interessant. Da merkt man nämlich, daß er jetzt tatsächlich übereifrig – wir sagen dann nervös – hastig und verkrampft arbeitet. Die Arbeit des Magens, diese Willensbetätigung kann man ja genau verfolgen. (Es wird gezeichnet.) Da oben kommen die Speisen herein, beim Magenpförtner treten sie aus. (Abb. 3.) Das Kneten, Verarbeiten erfolgt ja so, daß der Magen sich immer an einer bestimmten Stelle zusammenzieht, wieder losläßt, an der nächsten Stelle zusammenzieht usw., so daß diese Muskelbetätigungen wie wunderbare Wellen über den Magen hinweglaufen. Wäh-

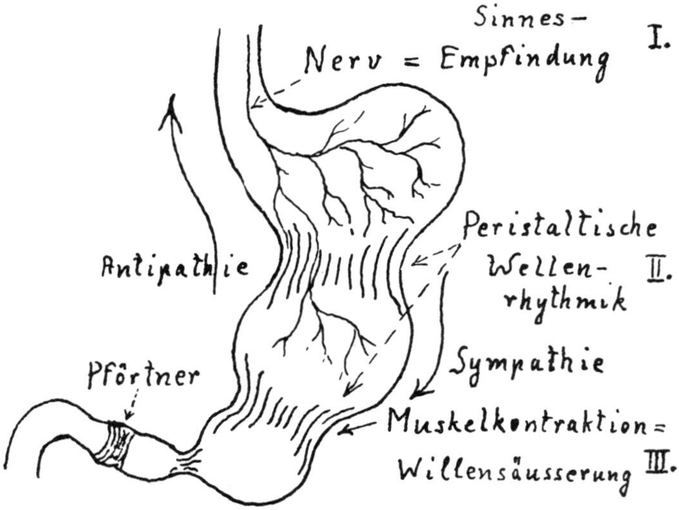

Abb. 3. Die dreigliedrige Magenfunktion.

rend sich die Arbeit des Magens am unteren Ende vollzieht, beginnt schon wieder die nächste Arbeitswelle am oberen Ende. Man spricht da regelrecht von Peristaltik – das ist das Fremdwort dafür. Man spricht von peristaltischen Wellen. Wenn der Magen gereizt ist,

wenn wir ihm zuviel zumuten, zu hastig oder zu heiß essen, sehen Sie, dann muß er das alles tüchtiger verarbeiten, da packt er schärfer zu, da wird er enger, da schnürt er sich tiefer ab. Aber das ganze geht zugleich schneller vor sich und wir sehen sofort, mit dem Magen stimmt etwas nicht. Sie sehen dabei, wie da etwas, was der Mensch gerade noch in der Hand hat, wenn er bewußt sich ernährt, hier in die unbewußten Organbereiche übergeht. Das, was er in der bewußten Ebene nicht richtig macht, wirkt hier nun krankheitsbildend.
So sind sehr sehr viele Krankheiten des Menschen, allerdings auf vielen Wegen und Umwegen – oft schwer überschaubar, weil Jahre dazwischenliegen –, bedingt durch die Art, wie er sein seelisches Leben, sein Denken, Fühlen und Wollen, führt. Ob sein Denken klar ist oder unklar, lebendig oder abstrakt, ob sein Wille ordentlich oder unordentlich ist, das spielt eben auf die Dauer doch eine große Rolle auch für die Gesundheit des Menschen. Die Seele ist nämlich eine Einheit, trotz des Gegensatzes, der uns zwingt, ein bewußtes Seelenleben und unbewußte Seelenbetätigungen zu unterscheiden. In Wirklichkeit ist das eine Einheit. Wir haben nicht zwei Seelen in diesem Sinne in unserem Organismus, daß eine völlig getrennt von der anderen da ist, eine, die die grobe Arbeit besorgt in den Organen und eine andere, die privatisieren und nur im sogenannten Oberstübchen sich betätigen darf. Das alles hängt in Wirklichkeit innerlich zusammen. Es ist ja immer die ganze Seele beteiligt, wenn irgendein Vorgang geschieht, auch im Magen. – Ich zeigte Ihnen vorhin bei der Hausfrau, die da fleißig arbeitet, daß sie ja durchaus nicht nur mit ihrem Willen, sondern auch mit ihrem Gemüt – nehmen wir an mit dem positiven Gefühl des Interesses oder der Liebe – bei der Sache ist und Lust zu ihrer Arbeit hat und daß sie aufmerksam ist, wach mit ihren Sinnen, um sich immer ein klares Bild zu machen von dem, was sie tut. So ist es auch mit dem Magen. Er braucht die ganzen Seelenbetätigungen, um richtig arbeiten zu können.
Wir haben ja ausgeführt, wie alle rhythmischen Betätigungen die Grundlage sind für das Fühlen. Wenn Sie nun diese wunderbaren rhythmischen Wellen beobachten, die wie abgezählt in regelmäßiger

Folge über den Magen hingleiten, dann werden Sie empfinden: das ist ja ein ganz wunderbar rhythmisches Organ. (Abb. 3, II.) Auch wenn der Magenpförtner sich öffnet und sich schließt, wieder öffnet und wieder schließt, sind das alles rhythmische Funktionen, nicht bloß ein grobes, unregelmäßiges Durcheinanderwirbeln des Stoffes. Das zeigt uns schon, daß bei der Magenfunktion auch Kräfte unbewußten Fühlens eine Rolle spielen müssen. Es ist tatsächlich so. Der Magen freut sich an seiner Arbeit, er macht diese Arbeit mit einer gewissen Lust, mit einer gewissen Sympathie. Den Beweis kann ich Ihnen – ähnlich wie bei dem Mut des Herzens – auf dem Gegenweg erbringen. Der Magen hat nämlich auch, wie jede Seele, Antipathien. Wenn ihm dann einmal das, was Sie gegessen haben, nicht paßt, und er schmeckt es ab und merkt, das ist gar nicht in Ordnung, das ist verdorben, das kann weder ich noch der Organismus brauchen, dann entwickelt er eine solche Unlust bei der Bearbeitung, eine solche Antipathie, daß er dieselbe so in sich steigert, bis er dasselbe macht, was Sie mit dem Kirschkern machen als einem Stoff, den Sie nicht brauchen können. Der Magen befördert dann seinen Inhalt mit Vehemenz in die entgegengesetzte Richtung! Der Ekel ist das Gefühl, das dann deutlich wird für jeden Beobachter und uns durchaus zeigt, daß der Magen so etwas, sagen wir ruhig wie seine eigene Seele zur Verfügung hat.
Zu jeder Seelenbetätigung gehört auch, daß man aufmerksam ist, sich ein Bild von der Sache macht, wozu man immer das Nervensystem braucht, wie Sie gehört haben. Nun hat ja der Magen Nerven in Hülle und Fülle, die durch ihn durchgehen und dauernd aufpassen, was da geschieht, so daß der Magen ein dumpfes Bewußtsein davon bekommt, wie voll er ist, was er in sich hat. (Abb. 3, I.) Er beobachtet seine Arbeit und macht sich ein Bild von seiner Arbeit. Es ist wiederum wichtig, daß er sich dieses Bild in der richtigen Art macht. Sie sehen also, selbst solch ein Organ ist wieder ein ganzer Mensch. Es betätigt sich willenshaft durch seine Muskulatur; es lebt in einem verborgenen, traumhaften Fühlen von Lust und Unlust dadurch, daß es rhythmisch funktionieren kann. Und indem dieses Organ mit Nerven versorgt ist, macht es sich ein inneres Bild von

seiner Arbeit in dauernder Aufmerksamkeit, was es tut und was dabei seine Aufgabe ist. So ist eben so ein Magen ein hochempfindliches Organ[1]). Es ist also gut, wenn Sie sich die Vorstellung bilden, der Magen ist nicht bloß ein Sack oder ein Muskelschlauch, wo mechanisch etwas so oder so zurechtgeknetet wird, sondern es ist besser, wenn Sie das Gefühl haben, der Magen ist wie ein kleines Tier in uns, mit allen guten Eigenschaften eines Tieres. Man kann sagen, wie ein Säugling mit großer Begierde darauf wartet, Nahrung zu bekommen, so hat der Magen wirklich eine Magenbegierde und wartet seinerseits darauf, etwas zu bekommen. Wenn der Säugling nichts bekommt, dann schreit er; und wenn der Magen nichts bekommt, so beginnt er zu „knurren", weil seine Begierden eben nicht erfüllt werden. Sie müssen sich das schon so vorstellen. Nehmen Sie ein beseeltes, hungriges Wesen wie eine Katze oder einen Hund oder gar ein Baby und verwandeln Sie das in den Magen, dann haben Sie überhaupt erst die richtige Vorstellung des Magens. Dann werden Sie verstehen, daß solch ein Organ – so wie jedes Lebewesen – gereizt sein kann, verstimmt sein kann, fleißig sich betätigen kann, sich ordentlich oder schlampig benimmt. Das ist alles möglich. Die Schlampigkeit, die Übermüdung des Magens, die äußert sich dann in Schlaffheit. Dann hängt er schlapp herunter, vielleicht bis ins kleine Becken, die Arbeit geht nicht mehr richtig vor sich, die peristaltischen Wellen sind nur ganz oberflächlich usw., die Arbeit bleibt liegen, der Speisebrei bleibt liegen und der Mensch leidet an Völlegefühl. Das kann Ausdruck schwerer Erkrankungen sein.

Wie kommen wir einer solchen Erkrankung bei? Wir wollen diese Gelegenheit benutzen, um uns einige grundsätzliche Gedanken über die Wirkung eines Heilmittels zu machen, was Sie sicher sehr interessieren dürfte. Sie alle wissen, wie gut dem Magen sogenannte Bittermittel tun, zum Beispiel der Auszug der Enzianwurzel, die Sie aus Ihrer Arbeit hier gut kennen. Wenn wir in eine solche Wurzel

1) Die anthroposophische Menschenkunde spricht im Hinblick auf diese leibgebundenen, organgestaltenden Seelenkräfte vom Empfindungsleib oder von der astralen Kräfteorganisation. Letztere leuchtet in der Aura des Menschen vor dem geschulten Geistesauge als Ergebnis innerer Erfahrung auf (s. Rudolf Steiner, Theosophie, Einführung in übersinnliche Welterkenntnis und Menschenbestimmung).

hineinbeißen und ein Stückchen zerkauen, machen wir einige überraschende Erfahrungen. Der intensive, bittere Geschmack regt die Aufmerksamkeit unserer Geschmacksnerven im Munde an. Sofort läuft uns das Wasser im Munde zusammen, d. h. es setzt reflexmäßig eine verstärkte Drüsentätigkeit ein. Dem Gefühl der Lust, das sich an der aromatischen Würze entzündet, tritt wechselnd ein Antipathiegefühl wegen der Bitterkeit entgegen. Letztere zieht uns den Mund zusammen. Wir versuchen, den Enzian rasch hinunterzuschlucken oder gar auszuspucken, bringen also auch den Willen in besondere Regsamkeit. – Nach diesem intensiven Erlebnis werden Sie sich gut vorstellen können, daß sich auch der schlaffe Magen dem Enzian gegenüber nicht gleichgültig verhalten kann. Er fühlt sich in jeder Beziehung angeregt, zieht sich ebenfalls zusammen und ruft seine organbildenden, die Magennerven, die Gefäße und Magenmuskeln versorgenden Seelenkräfte zu verstärkter Wirksamkeit auf. Er wird dadurch stärker durchblutet und durchatmet und kommt bereits auf den Weg der Gesundung. In ähnlicher Weise könnten wir einen überreizten Magen durch andere Heilmittel beruhigen.
Sie sehen daraus, daß ein wirkliches Heilmittel und der Heilvorgang selbst nie bloß als ein mechanischer oder toter, chemischer Prozeß aufgefaßt werden dürfen. Jeder Heilvorgang, auch wenn er nur auf ein bestimmtes Organ ausgerichtet wird, hat es mit den Lebens- und Seelenkräften des ganzen Menschen zu tun. Ein Arzt, der nur mit der chemisch-stofflichen Wirkung eines Medikamentes rechnen wollte, käme in die große Gefahr, den Organismus zu vergewaltigen und würde unter Umständen eine Heilung auf Kosten anderer Lebensbereiche erzielen. Das wäre nur eine Scheinheilung.

*

Wir haben vorhin schon geschildert, wie die Wege des Stoffes durch die Darmwand hindurchgehen und der Stoff in den Organismus, in den eigentlichen Bereich des Lebens aufgenommen wird. Da ist nun das Hauptstoffwechselorgan die Leber, wo ungeheuer viele, feine Veränderungen des Stoffes vor sich gehen, die man gar nicht alle schildern kann. Ich will nur eine Art, wie die Leber einen Stoff bearbeitet, herausgreifen, wie sie nämlich mit dem Zucker umgeht, der aus dem Darmgebiet durch die Pfortader in die Leber kommt. Sehen Sie, die Leber merkt, dieses Blut ist zu süß, viel süßer, als es der Organismus brauchen kann. Das schmeckt sie ab und hat nun die Fähigkeit, dem Blut diese Süßigkeit zu entziehen, diesen flüssigen Zuckerstoff zu sammeln, zu ordnen und in den vielen kleinen Leberdepots unterzubringen, so daß wir in den Leberzellen fortwährend den verdichteten Zucker in relativ unlöslicher Form speichern. Die Leber macht dabei genau dasselbe wie der Holzhacker, der den Stoff, der bereits eine gewisse Zubereitung hat, die zerstreuten Holzstücke, sammelt, ordnet und aufstapelt und sagt: so, jetzt ist genügend da, wenn es gebraucht wird. So ist es auch mit der Leber. Der Zuckerstoff wird vom Organismus gebraucht, wenn Sie z. B. eine Treppe hinaufrennen, hinunterrennen und nochmals hinauf; dann verbrennen Sie in Ihren Muskeln u. a. auch Zucker. Also, Sie verbrauchen Stoff in der Peripherie des Organismus. Der Muskel entzieht nun, um sich neu aufzubauen, dem Blut, das ihn durchströmt, diesen Zucker. Jetzt wird das Blut zuckerärmer, es wird zu wenig süß, und sofort mobilisiert die Leber den Stoff, den wir Glykogen nennen, löst ihn auf, sondert ihn ab und gibt ihn in das Blut, durch das er dann dahin geschickt wird, hintransportiert wird, wo er gebraucht wird.

Da sehen Sie nun in ganz feine Stoffwechselbetätigungen hinein. Die Kräfte, die diesen inneren Stoffwechsel dirigieren, sind allerfeinste Willensbetätigungen der Seele, insofern sie in den Organen, in deren Dunkelheit verwurzelt ist. Sie werden nun vielleicht sagen: „Ja, ich habe aber einmal in einem Buch genau studiert, wie die Leber beschaffen ist; die besteht aus Zellen und Bindegewebe, hat aber gar keine Muskeln. Wir haben doch hier gehört, daß der Wille sich nur dort entfalten kann, wo quergestreifte oder glatte Muskeln sind.“ Nun, das stimmt nicht ganz. Ich sagte, der Wille greift über das Tor der Wärme in die Welt des Stoffes ein Gewiß, um kräftige, starke Willensäußerungen zu vollziehen, Kraftäußerungen im mehr physischen Sinne, brauchen wir die Muskeln. Aber sobald wir ins Blut kommen, in die inneren Organe, werden die nötigen Stoffbewegungen sehr fein, sie sind zum Teil nur noch chemische Stoffbewegungen, chemisches Binden, Lösen und Mischen, so daß dazu ein mechanisches Hin- und Herschieben gar nicht mehr nötig ist; da wirkt der Wille, so könnte man sagen, nur noch homöopathisch dosiert. Bedenken Sie einmal, welcher Unterschied in Willensbetätigungen, in Arbeitsbetätigungen sein kann. Wenn der Förster mit einer Axt eine Kerbe in einen Eichbaum schlägt, um anzudeuten, der Baum soll gefällt werden, so ist das eine Willensbetätigung. Sie ist aber grob im Gegensatz zu der Willensbetätigung, die ein Graveur ausführt, der auf einer Kupferplatte einen zarten Ritzer macht. Beides ist jedoch eine Willensbetätigung. So müssen wir sagen, so fein wie ein Graveur arbeitet, so fein arbeiten die Willensbetätigungen in den Stoffwechselgebieten der inneren Organe. Sie werden vergeblich versuchen, ein Stückchen Stahldraht mit beiden Händen auszuziehen, um es mit aller Gewalt etwas zu verlängern. Es wird nicht einen halben Millimeter nachgeben. Dies tut es aber sofort, wenn Sie es still in die Hände nehmen und deren Wärme darauf einwirken lassen. So kann der Wille über die Wärme, die ja stoffverwandelnde und stoffbewegende Wirkungen hat, alles das vollziehen, was wichtig ist, um den Stoffwechsel in der richtigen Weise dirigieren zu können. Wir brauchen, um innerlich gesund zu funktionieren, in den Lebervorgängen ebenso wie in den sonstigen Organen und Stoffwechselvorgängen, diese feinen Willenskräfte, die mit den Trieben und Begierdekräften des Blutes verwandt sind.

Alle diese Kräfte bedürfen der rechten Anregung und Pflege, um unsere Gesundheit von der Stoffwechselseite, der Aufbauseite des Organismus her bis ins hohe Alter hinein aufrechterhalten zu können. Dies ist nicht möglich, wenn wir dem Organismus laufend mit der Nahrung Chemikalien oder gar Giftstoffe – wenn auch in geringer Dosierung – zuführen, wie dies im heutigen Zivilisationsbetrieb in steigendem Maße der Fall ist. Nehmen wir das relativ harmlose Beispiel eines künstlichen Süßstoffes. Die von einem solchen Stoff ausgelöste intensive Süßempfindung scheint der Leber anzukündigen, daß sie ihre Zuckerdepots neu auffüllen darf. Mit der der Leber eigenen inneren Begierde, einem verborgenen Appetit schmeckt sie das betreffende Darmvenenblut ab. Da entsteht nun für das Organgefühl etwas wie eine Enttäuschung; die Leber greift mit dem bereits angespannten Organwillen gleichsam ins Leere. Wenn sich solch ein Vorgang vielmals wiederholt, entsteht eine Art feiner Resignation, eine Art Ablähmung der instinktiven Willensbetätigung. Der seelische Lebenswille der Organe zieht sich zurück und läßt die Stoffe bis zu einem gewissen Grade links liegen, so daß sie leichter aus dem Lebenszusammenhang herausfallen. Der Grund zu schwerwiegenden Stoffwechselerkrankungen wie Rheuma, Steinkrankheiten usw. wird gelegt. Sie sehen daraus, daß sogar ein in chemisch-stofflichem Sinne scheinbar völlig unschädlicher Stoff im Gesamtzusammenhang des Organismus sich trotzdem ungut auswirken kann. Ähnlich verhält es sich mit qualitativ minderwertigen Nahrungsmitteln, wie sie die Mehrzahl der abendländischen Menschheit heutzutage zu sich nimmt. Viel schlimmer ist dies alles natürlich bei regelrechten Giftstoffen, die außerdem die Lebenskräfte und die Zelltätigkeit direkt schädigen. Selbstverständlich müssen immer vielfältige Teilursachen zusammenwirken und sich summieren, bis es aus den angedeuteten Gründen zum Ausbruch einer regelrechten Erkrankung kommt.

Im gesamten Stoffwechsel spielt eine große Rolle, daß alles in der richtigen Weise, im rechten Maß, in der richtigen Menge und richtig abgezählt vonstatten geht. Wunderbar weisheitsvolle – wir sagen zumeist instinktive – Willensbetätigungen sind es, die hier vor sich gehen. Ein großartiges inneres Arbeiten und Organisieren findet da statt. Sie haben gesehen, daß es einer Menge Aufmerksamkeit und Liebe bedarf, um z. B. den Kuchen so zu backen, daß die richtige Zuckermenge darin ist. So paßt aber auch der Organismus, besonders die Leber, fortwährend auf, daß das Blut die richtige Süße hat. Da kommen noch Helfer hinzu: die Bauchspeicheldrüse einerseits, die immer in Tätigkeit ist und etwas in den Organismus hineingibt, damit nicht zuviel Zucker im Blut ist; dann kommt die Niere und arbeitet über die Nebenniere, indem sie etwas in das Blut hineinschickt, daß die Leber angeregt wird, ihren Zucker herzugeben. So wägt der Organismus fein und sorgfältig ab, schmeckt die Süßigkeit des Blutes ab, die Mengen von Zucker, die er dem Blute zu geben hat. Wehe, wenn in dieser Willensbetätigung Müdigkeit, Erschlaffung oder Interesselosigkeit eintritt. Dann sprechen wir vom trägen Stoffwechsel der inneren Organe, dann bleibt da der Stoff liegen, wird nicht mehr beherrscht, und dann ist es viel schlimmer, als wenn er nur im Dickdarm liegenbleibt. Wenn der Zucker nämlich liegen bleibt und der Organismus sich nicht mehr richtig darum kümmern kann, dann hat der Mensch die Zuckerkrankheit, dann wird er zum Diabetiker und ist, wie Sie wissen, schwerstens bedroht.

Wir müßten jetzt einmal untersuchen, wie sich ein Mensch in seinem Leben vor 20, 30, 40 Jahren willensmäßig betätigt hat, daß die Rückwirkung in dem unbewußten, zarten Willen, der die Organe versorgt, eine so schlechte ist, daß dieser Wille ermüdet erschlafft und nicht mehr richtig seine Arbeit vollziehen kann. Das kann viele Ursachen haben, wie wir schon gesehen haben. Ich will zum Schluß noch eine davon andeuten. Rudolf Steiner, der uns ja als Begründer der Anthroposophie gelehrt hat, den Menschen in dieser Weise zu betrachten, gab folgenden Hinweis: Wenn die Kinder nicht das richtige Spielzeug bekommen, sondern zu früh zu raffinierte oder mechanisierte Spielsachen, eine Puppe zum Beispiel mit kunstvoll bemaltem Gesicht, die die Augen von selbst auf- und zumacht und Mama sagt, da hat das Kind nur scheinbare Freude daran. Denn in Wirklichkeit ist die Puppe langweilig, weil das Kind seine Phantasie nicht mehr genügend daran entfalten kann. Da kommen die feinen schöpferischen Willenskräfte zu kurz, die es bei jedem phantasievollen und sinnigen Spiel entfalten möchte. Es entsteht keine Resonanz in den organaufbauenden Willenskräften. Eine einfache, selbstgemachte Stofflappenpuppe hingegen läßt dem Kind die Freiheit, in der Phantasie immer noch etwas hinzubilden zu können, zum Beispiel die genauere Form des Mundes oder der Gliedmaßen und regt auch dazu an. Ist dies nicht der Fall, dann erlahmen die unbewußten Willenskräfte etwas, sie haben kein Interesse mehr, wenn das Spielzeug langweilig ist. So entstehen ungute Rückwirkungen, welche die geschilderten Krankheitsanlagen vorbereiten. Erstere treten beim Kleinkind so leicht ein, weil die Seelenkräfte noch viel stärker als beim Erwachsenen mit dem werdenden Organismus sich zu beschäftigen haben und noch einheitlicher mit ihm verbunden sind. Deshalb wirken auch alle unmoralischen Handlungen in der Umgebung eines Kindes so schädigend bis in seine Leiblichkeit. Die Zornausbrüche eines cholerischen Vaters zum Beispiel haben schockartige Folgen und wirken zurückstauend und schwächend auf den organgestaltenden Lebenswillen des Kindes. Auf diese Weise kann eine bereits von diesem Vater ererbte Anlage relativ harmloser Gallenfunktionsschwäche entscheidend verschlimmert und der Gallensteinbildung im Alter Vorschub geleistet werden.

Solche und andere Schädigungen können jedoch weitgehend ausgeglichen werden, wenn das Kind in der Schule dann einen Lehrer bekommt, der mit künstlerischem Interesse und liebevoller Begeisterung den Wissensstoff bringt. Ein solcher Lehrer spricht dann durch die Art seiner Methode nicht nur den Kopf und das Gedächtnis an, sondern den ganzen Menschen in Gemüt und Willen. Ein Unterricht, für den sich das Schulkind erwärmen kann, ermüdet zwar auch den Kopf, aber er erfrischt und beschwingt zugleich den übrigen Organismus bis ins Leibliche und wirkt der vorzeitigen Vertrocknung und Erlahmung der Lebenskräfte und damit vielen Krankheitsdispositionen entgegen.

Wir wollen damit die heutigen Betrachtungen abschließen und ich hoffe, verehrte Zuhörer, Sie werden empfunden haben, wie der Mensch eine Ganzheit ist und wie sein ganzes körperliches und physiologisches Organleben in verborgener Weise verbunden ist mit dem, was sein bewußtes seelisches Leben ist. Deshalb sollten wir auch unsere Aufmerksamkeit darauf lenken, *wie* wir unsere Arbeit tun und *wie* wir unser seelisches Leben führen. Immer dann, wenn wir unsere Arbeit sorgfältig, mit Interesse und Liebe, mit Fleiß und Aufmerksamkeit verrichten, dann ist das in vieler Hinsicht gut, nicht zuletzt auch im Hinblick auf unsere Gesundheit.

IV. Das Sinnes-Nerven-System als Spiegel der Seele

Sehr geehrte, liebe Zuhörer!

Jeden Morgen schlägt der Mensch mit dem Erwachen die Augen auf. Er blickt wieder neu erfrischt in die Welt hinein und bedient sich seines Leibes, der in der Nacht ausgeruht hat. Nun, was ist eigentlich der Unterschied zwischen einem Auge, das schläft, und einem Auge, das wacht – einem Auge, das geschlossen ist, sich der Dunkelheit hingibt, nichts sieht, und einem Menschenauge, das soeben erwachend die Welt erblickt? Mit dem Erwachen entfaltet sich jedoch nicht nur das Sehen, sondern auch das Hören, das Leben in allen Sinnesorganen, das Tasten, Riechen und Schmecken. Es entfaltet sich das ganze bewußte Seelenleben des Menschen. Mit der Frage, was für ein Unterschied ist zwischen einem schlafenden und einem wachenden Auge, berühren wir also wiederum die Frage, wie lebt überhaupt das seelische Leben des Menschen im Leibe darinnen, die Frage, die wir in den drei vorherigen Werkstunden schon behandelt haben. Wir wollen sie heute besonders unter dem Gesichtspunkte betrachten, wie das *bewußte* seelische Leben entsteht, wie es zusammenhängt mit den Sinnen, den Nerven und dem Gehirn. Das alles zusammen bezeichnen wir als das Sinnes-Nerven-System.

Sie wissen ja, daß die Hauptsinne, die vorzüglichsten Sinne, das Auge, der Geruchsinn, das Gehör, der Geschmacksinn, im Kopfe konzentriert sind. Im Kopf laufen auch alle Nerven, die von den Sinnen des ganzen Körpers ausgehen, zusammen und bilden etwas Besonderes aus in ihren mannigfachen Verzweigungen, Überkreuzungen und Verästelungen, nämlich das Gehirn. Also das Sinnes-Nerven-System ist im Kopfe konzentriert. Es erstreckt sich aber von da aus in den ganzen Körper, erreicht jedes Organ, jede Hautstelle, die kleinste Zehe. Sie können mit dem ganzen Körper Wärme fühlen, Schmerz empfinden, Tasteindrücke haben usw. Also unser Sinnes-Nerven-Leben ist wiederum etwas, das, obwohl es im Haupte konzentriert ist, sich über den ganzen Menschen erstreckt, so daß wir sagen können, wir wachen nicht nur im Auge auf, nicht nur da öffnet sich für unsere Seele ein Tor in die Welt, wir wachen mit der Seele irgendwie im ganzen Körper auf. Aber wie geschieht dieses Aufwachen?

Wir haben in den letzten Stunden schon ausgeführt, daß wir das Nerven-Sinnes-System – um überhaupt annähernd verstehen zu können wie es funktioniert – mit einem Spiegel vergleichen müssen. Nun, der Spiegel ist ja dazu da, uns ein möglichst gutes, klares und scharfes Bild von der Welt zu geben. An der Klarheit des Spiegelbildes ermessen wir die Qualität des Spiegels. In der Tat sind die Sinnesorgane Spiegel und ihre Funktion ist die der Spiegelung. Sie haben die Aufgabe, uns ein möglichst getreues Bild der Welt zu liefern. Das wird am Auge besonders klar ersichtlich. Wir wollen deshalb vom Auge ausgehen, um über die Sinne, die Nerven und das Gehirn etwas zu verstehen. Gerade das Auge kann uns auch anleiten, etwas vom Gehirn zu verstehen, weil es dieses hochkomplizierte Sinnesorgan ist, das sich im Gegensatz zu allen anderen Sinnesorganen gestattet, sich ein Stückchen eigenes Gehirn zuzulegen. Denn wenn im Embryo das Auge entsteht, dann wächst aus der Gehirnanlage ein gleichsam neugieriger Nerv heraus, ein Stückchen Gehirn; das Gehirn ist also noch beweglich, es faltet sich, es legen sich seine Windungen und es plastiziert sich erst aus. Da wächst also ein neugieriger Sproß nach vorne, öffnet sich wie eine Blüte und macht einen Becher. (Abb. 4.) Das ist der spätere Augenbecher, der ein vielschichtiger Gehirnteil ist mit echten Gehirnzellen. Dieses Stück des Auges bildet die sogenannte Netzhaut. Von außen, von der Körperhaut, wächst nun dem etwas entgegen, stülpt sich ein, schnürt sich ab und bildet die Augenlinse; so können Sie schon sehen, wie kompliziert das mit dem Auge ist. Von außen wird etwas hineingebildet, von innen wächst etwas entgegen; das Ganze rundet sich dann buchstäblich im fertigen Augapfel ab. Dieses Ziel kann jedoch nur erreicht werden, wenn mit dem wachsenden Nerv auch das Blut, welches dieses Auge ernährt, durchatmet und verlebendigt, mit hineinwächst und hineinströmt.

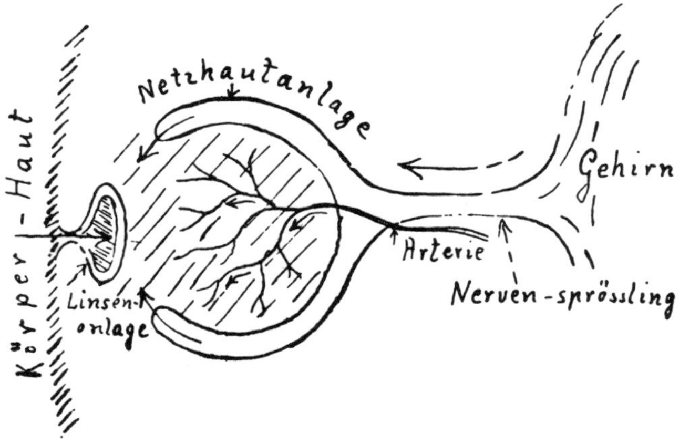

Abb. 4. Die Entwicklung des Auges.

Es ist dann für den Organismus ein großes Problem, das Blut zur rechten Zeit wieder loszuwerden. Denn wenn das Blut das ganze Auge durchziehen würde – und das tut es im Anfang (Abb. 4, Arterie) – dann würden wir alles rot getrübt sehen oder wir würden überhaupt nichts sehen, weil wir uns eben keine richtigen Spiegelbilder machen können. Ein Spiegel muß klar sein, und so muß das Blut, wenn es mitgeholfen hat das Auge aufzubauen, sich wiederum zurückziehen, zurückweichen und darf nur im Hintergrund, hinter der Netzhaut, in der sogenannten Aderhaut, sich weiterhin noch betätigen. Wir werden aber sehen, daß auch bei dem funktionierenden, fertigen Auge das Blut noch eine ganz besonders wichtige Aufgabe hat.

Daß das Auge uns ein Bild der Welt gibt, Bilder liefert, wohin wir diesen Spiegel auch immer richten, das erfahren wir alle am eigenen Leibe. Aber diese Spiegelfunktion des Auges, diese Fähigkeit, ein Bild von der Welt zu geben, die kommt einem besonders dann zum Bewußtsein, wenn man einmal einen besonders starken Lichteindruck gehabt hat. Wenn Sie z. B. in die blendende Sonne geblickt haben, dann werden Sie nachher, wenn Sie ganz woanders hinblicken – Sie kennen das sicher alle –, etwas Störendes im Auge bemerken. Sie wollen vielleicht den Kopf eines anderen Menschen ansehen, aber sie sehen den Kopf gar nicht, sondern was sehen Sie? Eine Art Nachbild der Sonne! Wo immer Sie dann hinblicken, erscheint irgendein schwärzliches Loch und Sie merken, die Sonne hat etwas hinterlassen in Ihrem Auge. Das lichte Rund der Sonne, welche das Auge aufnimmt und in der Netzhaut durch komplizierte Linsenfunktionen wirklich abbildet, hat eben in der Netzhaut einen Eindruck hinterlassen. Dieser Eindruck ist so, daß wir ihn vergleichen können mit der Ausstanzung eines Loches; so wie man Akten abheftet, zwei Löcher hineinstanzt, so stanzt jeder Lichteindruck in das Augenpaar im Grunde genommen ein Loch in die Netzhaut. Wenn der Lichteindruck dann besonders stark ist, kommt einem dieses Loch zum Bewußtsein und man sieht eben nichts mehr, weil nämlich – so merkwürdig das klingt – jedes Sehen das Auge zerstört. Nun, das Auge selber nicht, aber doch einen Teil des Auges; denn es wird in der Netzhaut etwas zugrunde gerichtet, etwas abgebaut. Einen Teil desjenigen, was da abgebaut wird, kennen wir genau. Im Auge ist ein wunderbarer, feiner Stoff: auf der Netzhaut ist, wie auf jeder photographischen Platte, ein besonderer Belag, der sogenannte Sehpurpur. Er verändert sich chemisch, zersetzt sich und bleicht aus, so daß wirklich – man kann in dieser Beziehung das Auge mit dem Photographenapparat vergleichen – auf der Netzhaut durch chemische Veränderung ein Bild entsteht und festgehalten wird. Es entsteht im Auge eine Art negatives Photobild der Außenwelt. Aber es ist da etwas zerstört, und das merken Sie eben, wenn Sie in die grelle Sonne geblickt haben, die dann blendet. In diesem extremen Fall kommt Ihnen dieses Bild, das immer zart vorhanden ist, wie ein negatives Gegenbild – denn es ist ja eine Art Loch – zum Bewußtsein. Wenn ich Sie nun alle so ansehe, ca. 150 Leute und Köpfe, gewiß habe ich dann 150 Löcher in der Netzhaut. Aber das sind eben ganz zarte, homöopathisch dosierte Löcher! Sie lachen . . . aber es ist so! Ganz fein riskiere ich, daß Sie mir 150 Löcher in die Netzhaut bohren.

Jeder Sehvorgang ist also mit einem Abbauprozeß verbunden, der sich sogar in feiner Weise durch die Augennerven bis in das Gehirn fortsetzt. Das Auge, das erwachend der Seele dienen will, muß es sich also gefallen lassen, bis zu einem gewissen Grade in seiner feineren Struktur zerstört zu werden. Was ist der Sinn dieses Abbauvorganges im Nervenprozeß? Das verstehen wir am besten, wenn wir ihn als eine abgewandelte Fortsetzung des gleichen Vorganges betrachten, der die Blutgefäße im Glaskörper des Auges zur Rückbildung zwingt und dadurch abbaut. Erst das Zurückdrängen der Stoffwechselprozesse ermöglicht die Aufklärung des Auges und gibt der Hornhaut und dem Glaskörper die Durchsichtigkeit und der Linse die kristallreine Klarheit, welche das äußere Licht in die Dunkelheit des Organismus hereinströmen lassen. Das Auge verhält sich also im Kleinen so wie der Kopf im Großen, wenn er – wie früher geschildert – alle Stoffwechselvorgänge abbremst und die Seelenkräfte freigibt. In ähnlicher Weise schafft die geschilderte Lochbildung in der Netzhaut und der Abbauprozeß im Sehnerv die feinen „Lichtungen", durch welche die Seelenkraft des Leibes von innen her in das Organ hineinschlüpfen und dem äußeren Licht als inneres Augenlicht entgegentreten kann. Erst so findet die Seele den Weg zu den wahrgenommenen Gegenständen und kann sie gleichsam abtasten.

Indem das Auge also einen Teil seiner Lebendigkeit und Substanz – z. B. den Sehpurpur – hinopfert, wird es von der Stufe eines bloß organisch-lebendigen, dumpfen Organs zur Rangstufe eines empfindenden Organs emporgehoben und kann dem erwachenden, bewußten Seelenleben und Erleben dienen. Hier zeigt sich auch, daß der Photoapparat nur eine tote Karikatur des Auges darstellt, das selbst ein beseeltes, von innerer Aktivität durchdrungenes Organ ist. So wird es zum lebendigen Spiegel unserer Seele und faßt im Antlitz ihr Mienenspiel wie in zwei Brennpunkten zusammen. Mit den Augen des Menschen blickt uns seine Seele selber an und kann uns ihr Inneres offenbaren, schuldlose Reinheit und stille Liebe oder ihr Aufgewühltsein in Tränen des Schmerzes oder der Freude.

Wer aber hilft dem Auge, die notwendigen Abbauvorgänge wiederum auszugleichen? In der Tat ist es eines der großen Geheimnisse dieses Organs, daß es fortwährend bereit und in der Lage ist, alle die vorhin beschriebenen Löcher wieder zuzustopfen, wirklich alles aufzubauen und auszubessern und den Sehpurpur wieder herzustellen. „Die gebleichte Netzhaut wird durch die Regeneration des Sehpurpurs wieder rot, sobald sie längere Zeit dunkel gehalten wird. Sie benötigt bei vorhergehender völliger Bleichung" – also nach einem starken Lichteindruck (d. Verf.) – „30 bis 40 Minuten Zeit", schreibt Prof. Rein in seinem Buch über die Physiologie des Menschen. Wer springt dem Auge bei, daß es immer wieder neu sehen kann und immer wieder erfrischt in die Welt blickt? Hier ruft das Auge den unteren Menschen mit seinen aufbauenden Stoffwechselprozessen zu Hilfe. Die Nervenhaut regeneriert sich wieder, indem sie sich von der Kraft des Blutes durchströmen läßt! Wir brauchen das Blut im Auge, um das so entstandene Abgebaute wiederum aufzubauen. Sie sehen hier schon, wie kompliziert so ein Sinnesorgan arbeitet. Jedes Sinnesorgan besteht aus umgewandelten, fein ausgebildeten, speziell auf einen bestimmten Zweck eingerichteten Nerven mit Endkörperchen und wie das alles heißt. Im Auge sprechen wir von Stäbchen und Zapfen und anderen Zellen. Im Sehzentrum der Netzhaut befinden sich auf einem einzigen Quadratmillimeter allein 14 000 Nervenzäpfchen! Wir wollen uns jedoch heute nicht so sehr in die Einzelheiten verlieren. Aber das alles reicht nicht. Es muß das Blut hinzukommen, um dem Abbauvorgang, der mit jeder Sinneswahrnehmung verknüpft ist, gleichgültig, ob Sie sehen, hören, riechen, schmecken oder tasten, wiederum einen Aufbauvorgang entgegenzustellen.

Dieser Aufbau geht im Unbewußten vor sich, so daß wir im allgemeinen nichts davon merken, wie wir auch die Lochbildung in der Netzhaut glücklicherweise zumeist nicht bemerken. Sonst wären wir ja dauernd gestört. Dieser Aufbauvorgang also, der, wie wir gehört haben, am besten in der Dunkelheit vor sich geht, ist wie ein kleines Schläfchen des Auges, in dem es sich wieder erholt. Nur in bestimmten Fällen kommt uns davon etwas zum Bewußtsein. Nämlich dann, wenn Sie auf Folgendes aufpassen: Sie haben die rote Abendsonne gesehen. Wenn Sie jetzt auf eine weiße Fläche blicken und dieses störende Nachbild haben, so haben Sie vielleicht zu Ihrer Überraschung schon einmal bemerkt, daß dieses Nachbild plötzlich eine andere Farbe bekommt, daß es nämlich grün wird. Wenn Sie mir das nicht glauben, verehrte Zuhörer, dann nehmen Sie einmal ein weißes, großes Stück Papier und heften sich aus rotem Papier eine runde Scheibe darauf. Schauen Sie bei heller Beleuchtung konzentriert zwei Minuten den Mittelpunkt der Scheibe an. Danach nehmen Sie die rote Scheibe weg und blicken weiter auf das weiße Papier. Dann werden Sie das Nachbild sehen, das negative Lochbild, und bemerken, wie es sich füllt mit einer neuen Farbe, mit grün, mit der sog. Gegenfarbe. Das ist etwas ganz Wunderbares, eine ätherisch zarte, feine Farbe, wie sie sonst nur der Regenbogen hat, die produziert jetzt das Auge. Zu jedem Farbeindruck sucht das Auge in einer rätselhaften inneren Tätigkeit einen Gegeneindruck. Es hat die Fähigkeit, jede Farbwahrnehmung umzuschaffen bzw. in sinnvoller Weise zu ergänzen. Zur roten Farbe, die warm ist, kommt die kühlere grüne Farbe; zur strahlenden gelb-orange Farbe das kühlere Blau usw. Also jeder Farbe entspricht eine Gegenfarbe, eine sogenannte Komplementärfarbe, die das Auge selber ausgestaltet. Wiederum erleben wir, daß das Auge eben nicht ein toter Photographenapparat ist. Das Auge sucht sich schöpferisch, gleichsam phantasievoll und malerisch zu betätigen und hat so unbewußt Anteil am Schaffensdrang des ganzen Menschen, der nicht nur passiv das Weltenleben spiegeln und aufnehmen will. Es ist in sich schöpferisch-beweglich und hat das Bedürfnis, selbst etwas dazu zu tun zu der Welt, sie zu ergänzen, so daß wir jetzt von einem schöpferischen Nachbild im Auge sprechen können! Unterscheiden Sie das also einmal, das negative Nachbild und das vom Auge neu geschaffene, durch eine eigene Tätigkeit sinnvoll verwandelte Nachbild. Auch dieses kommt uns, glücklicherweise, im allgemeinen nicht zum Bewußtsein. Denn wenn wir auch noch darauf immer aufpassen müßten, was das Auge alles in uns macht, dann kämen wir wiederum nicht zum klaren Sehen.

Das Auge bildet sogar Gegenbewegungen aus! Auch das ist ein interessantes Experiment, das man machen kann und das man kaum für möglich hält. Wenn das Auge eine bestimmte Bewegung sieht, die

z. B. zentripetal von außen nach innen geht – man kann das durch drehende Scheiben usw. machen – und man nimmt dann die drehende Scheibe, die man drei Minuten lang angeschaut hat, weg, da merkt man, wie plötzlich zentrifugale Gegenbewegungen entstehen. Wenn man danach einen Baum, der auf die Tafel gemalt ist, betrachtet, steht er nicht still, sondern fängt an sich auszudehnen und größer zu werden. Das gehört zum Sonderbarsten, was man erleben kann. Es ist die Tatsache gegeben, daß eine bestimmte Bewegung mit einer bestimmten Richtung vom Auge in eine Gegenbewegung verwandelt wird. Leider kann ich Ihnen das Experiment, das der junge Medizinstudent in der Physiologie auch manchmal kennenlernt, nicht vorführen. Aber das müssen wir doch festhalten: Das Auge hat in sich die Möglichkeit, nicht bloß passiv abzubilden, sondern auch aktiv nachzuschaffen; es macht den zarten Versuch, neu zu schaffen, und der kommt in der Gegenbeweglichkeit und in der Gegenfarbigkeit zum Ausdruck. Wir können wiederum fragen, was schafft da im Auge? Was ist da so schöpferisch tätig bei dem Schaffen des neufarbigen Nachbildes? Das sind die Kräfte des Blutes, das ist das Leben im Auge, das immer wieder über das Blut hineinkommt, hineinströmt.

Wir wollen das, was wir jetzt übersehen, einmal kurz festhalten: Also das Auge besteht aus diesen Grundbestandteilen Nerv und Blut, Netzhaut und Aderhaut. Beim Sehen entsteht in dieser Netzhaut das lochartige, negative Nachbild. Durch das Blut wird das Loch wieder ausgefüllt, das Auge neu aufgebaut. Mit diesem organischen Aufbau ist beim Farbensehen im Seelenleben des Auges verbunden die Entstehung des zarten schöpferischen Farb-Nachbildes.

*

Nun, verehrte Zuhörer, ich sagte Ihnen, daß das Auge sich ein Stückchen „Privatgehirn“ zugelegt hat, und deshalb konnten wir an ihm schon etwas lernen von der Gehirnfunktion überhaupt, zu deren Betrachtung wir jetzt übergehen wollen. Die Augen schicken ja zwei große Nerven, die sich hinter den Augen kompliziert überkreuzen, hinein in das Gehirn, in die Nervengegend des Hinterhirns und die gestalten sich in der Hirnrinde, im Hinterhaupt, ganz fein und kompliziert aus. Jedem Sinnesorgan entspricht im Gehirn eine besondere Abteilung, eine besondere Partie, wo die Eindrücke, die wir wahrnehmen, weiter verarbeitet werden. Denn das, was ich bisher geschildert habe, ist ja der Prozeß der Wahrnehmung, der Sinnesempfindung. Und nun erleben Sie ja alle das Überraschende und gar nicht Selbstverständliche, daß von jedem Sinneseindruck, den Sie wahrnehmen oder empfinden, von jedem Bild, das Sie sehen, ein zweites Nachbild in Ihnen entsteht, das mit den bisher geschilderten Nachbildern der Netzhaut direkt nichts zu tun hat – indirekt wohl. Was meine ich? Nun, ich zeichne Ihnen einmal etwas an die Tafel: solch ein grünes Viereck. Schauen Sie das an. (Abb. 5.) Jetzt halte ich es

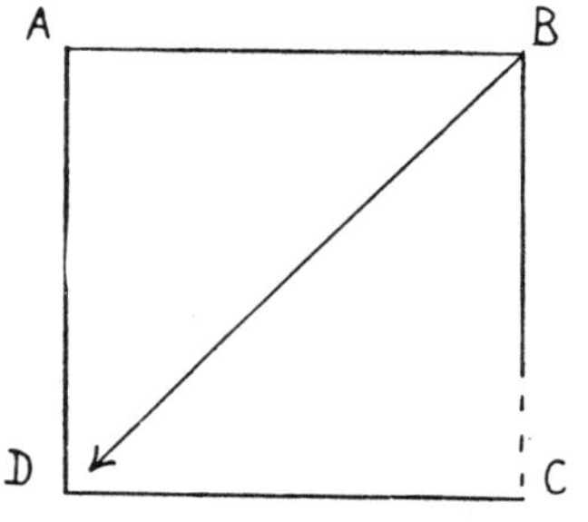

Abb. 5

zu. Sie können es natürlich mit dem Auge nicht mehr sehen und trotzdem – jetzt machen Sie alle einmal kurz Ihre Augen zu –, Sie werden genau wissen, wie das ausgesehen hat. Sie werden innerlich das Bild dieses Viereckes in sich tragen und jeder von Ihnen, der aufgemerkt hat, wäre in der Lage, das Bild, wenn ich die Figur wegwische, selbst an die Tafel zu zeichnen. Das geht nur, weil er es in sich trägt. Selbst heute abend werden Sie immer noch in der Lage sein, dieses Bild des grünen Vierecks aus sich herauszuholen, wenn es längst nicht mehr an der Tafel steht. Wiederum etwas ganz Großartiges: Der Mensch macht sich innere Bilder von allem, was er sieht, hört, in der Welt empfindet und erlebt, feine, zarte Nachbilder. So gewinnt der Mensch im Laufe seines Lebens, im Laufe eines Tages allein schon, einen großartigen Bilderschatz. Sie wissen alle, wie er heißt, wir nennen ihn den Gedächtnisschatz.

Immer, wenn wir solch ein Bild aus der Schatzkammer unseres Inneren herausholen, solch ein Bild wieder produzieren, dann sagen wir: wir erinnern uns. Das heißt, wir greifen in unser Inneres hinein und holen etwas heraus, nämlich das Bild, das wir nur über das Auge oder durch Vermittlung eines andern Sinnesorgans einmal in uns hineinbekommen haben. Sie merken nun bei diesem Bild etwas sehr Eigentümliches: das erste Nachbild von der Sonne usw. im Auge, das produziert die Netzhaut; da können wir selbst gar nichts daran machen. Wir können das nicht verändern. Wir können auch das schöpferische grüne Nachbild der roten Abendsonne gar nicht verändern. Das ist solange da, wie es das Auge vorschreibt oder bilden kann. Wenn es dann verschwunden ist, können Sie es mit keiner Macht der Welt wieder herholen. Das ist vorbei. Aber dieses andere zartere Nachbild, das Gedächtnisbild, das hat trotz seiner Zartheit einen viel besseren Bestand, wenn wir ein gutes Gedächtnis haben. Sie erleben hier eine der Funktionen des Gehirns. Denn nur weil wir ein Gehirn haben und weil der Augenteil, den wir Netzhaut nennen, mit seinen Nervenfasern sich weiter fortsetzt in ein neues Organ, das Sehzentrum in der Hirnrinde, sind wir in der Lage, neue Bilder zu schaffen, innere Bilder. Und diese Bilder, ja, die schweben frei. Die holen wir, wenn es uns paßt, heraus, wir selber; denn sie gehören zum Bestand unseres seelischen Lebens. Das können Sie vom Nachbild in der Netzhaut nicht sagen, daß das ein Bestandteil des bewußten seelischen Lebens ist, denn das ist ein physiologischer Vorgang, ein Tatbestand des organischen Lebens im Sinnesorgan. Das Gedächtnisbild hingegen gehört zum Grundbestand unseres seelischen Lebens und ist um so klarer, besser und treuer ausgebildet, je mehr wir während seiner Entstehung die Sinneswahrnehmung mit innerer Aufmerksamkeit wach und interessiert begleiten. Das Gedächtnis ist überhaupt das seelische Fundament, auf dem wir täglich innerlich aufbauen und das uns alles andere in unserem Seelenleben, alles zielvolle Streben, Trachten und Denken erst ermöglicht. Die Gedächtnisbilder kommen zustande in Zusammenhang mit der Funktion des Gehirns. Wir brauchen auch das Gehirn, um ein Gedächtnisbild, wenn es erinnert wird, immer wieder in uns spiegeln zu können. Denn sobald Sie innerlich sich das grüne Viereck vorstellen, brauchen Sie einen inneren Spiegel dazu – das ist der Gehirnspiegel.

Wir haben also jetzt kennengelernt eine verwandelte und gesteigerte Netzhaut-Tätigkeit, die in einen großartigen Nachbilderprozeß umgewandelte Tätigkeit, die Gedächtnisbilder schaffende Tätigkeit des Gehirns. Wir brauchen das Nervengewebe und die Nervenzellschichten des Gehirns dazu, um diese Nachbilder schaffen und spiegeln zu können. Also wiederum brauchen wir den Nerv dazu in Gestalt des Gehirns.

Wir müssen uns jetzt fragen: Ja, der „private" Gehirnteil des Auges, die Netzhaut, die hat uns gelehrt, daß sie in der Lage ist, aus einem negativen Nachbild, das passiv von außen „hineingestanzt" wird, ein neues zu schaffen, es umzugestalten und mit neuer Farbe zu versehen, indem die Blutskräfte mit hineinwirken in die Netzhaut. Ist vielleicht das Gehirn und das, was damit zusammenhängt an innerer Betätigung, auch in der Lage, das Bild, das wir haben, schöpferisch zu verändern? Was meinen Sie? Ich glaube, die Antwort ist nicht so schwer. Denn Sie alle, verehrte Zuhörer, sind in der Lage, dieses grüne Viereck innerlich in ein rotes oder gelbes zu verwandeln. Aber auch in anderer Hinsicht können Sie fortwährend innerlich dieses Viereck verändern. Sie können z. B. in diesem Viereck von einer Ecke zur anderen eine Linie ziehen, von der zweiten Ecke (B) zur vierten Ecke (D), eine Linie ziehen (Abb. 5). Sie können sogar sagen, das Viereck auf der Tafel ist ganz schlecht gezeichnet, das hat ja ein Loch (bei Ecke C), das paßt mir nicht; ich werde das innerlich erst einmal richtig machen, so wie es sich gehört und es innerlich vollenden. Dann malen Sie innerlich – ich weiß nicht, ob Sie dazu eine seelische Kreide nehmen – dieses Viereck fertig. Also der Beweis ist für jeden von Ihnen erbracht, daß Sie in der Lage sind, das Nachbild des Gedächtnisses umzuwandeln. Die Tatsache, daß wir selbst das innere grüne Viereckbild jederzeit willkürlich aufleben, verändern und in allen Farben aufleuchten lassen können – nicht nur wie im Auge in einer Gegenfarbe – zeigt, daß unsere Seelenkräfte im Gehirn sich von der Bindung an die körperlichen Prozesse befreit haben. Sie sind selbständig geworden. Dies ist eine sehr wichtige Beobachtung.

Wenn Sie darauf achten, daß Sie die Bilder, die Sie haben, umwandeln können, dann lernen Sie etwas ganz Großartiges in sich kennen. Sie merken nämlich, daß diese Fähigkeit, die Bilder umzuwandeln, innerlich wachsen zu lassen, farbig zu machen, umzubilden usw., zugleich die Möglichkeit abgibt, sogar Bilder ganz neu zu schaffen! Denn Sie können ja innerlich einen Baum wachsen lassen, Sie können ihn blühen lassen, Sie können ihm Kirschen anhängen oder Äpfel – wie Sie wollen. Wer noch kein Haus hat, der kann sich innerlich ein vierstöckiges Haus bauen mit Balkons und Badezimmer; ganze Luftschlösser können Sie innerlich bilden und ausgestalten. Für diese Tätigkeit haben wir auch einen Namen, der das alles zusammenfaßt in äußerster Abstraktion. Was sind schon Namen gegenüber dem wirklichen Leben in uns! Aber immerhin, um uns verständigen zu können, braucht man ja solche Namen. Wie nennen wir nun diese Fähigkeit des schöpferischen Bilderschaffens im Innern? Das ist die Phantasie.

Damit sind wir begegnet in unserem Seelenleben, insofern es sich des Nervensystems als Instrument bedient, zwei grundlegenden Fähigkeiten und Möglichkeiten, die ganz verschieden sind und doch verwandt sind: dem Gedächtnis und der Phantasie.

*

Wir können das Nachbild des Gedächtnisses jederzeit frei im Seelenleben herholen, festhalten und gleichsam vor uns hinstellen; deshalb nennen wir das auch Vorstellungstätigkeit. Wir bilden uns eine Vorstellung und wissen, wir brauchen dazu das Gehirn als Spiegelapparat. Wir dürfen natürlich nicht den Spiegel mit dem Bilde verwechseln. Niemand von Ihnen wird glauben, daß der Tisch oder der Blumenstrauß, der sich in einem Spiegel abbildet, in diesem drinnen

steckt. So töricht sind wir alle nicht. Das meinen höchstens die kleinen Kinder. Aber wir kommen in die Gefahr, so wenig klug zu sein, wenn wir denjenigen glauben, die behaupten, die Gedächtnisbilder stecken innen im Gehirn darinnen. Das tun sie natürlich nicht. Sie bestehen ja nicht aus körperlicher Nervensubstanz oder aus Phosphor-, Sauerstoff- und Stickstoff-Molekülen. Das sind rein seelische Bilder. Ja, die bestehen, wenn Sie so wollen, aus Seelensubstanz, obwohl das natürlich ein merkwürdiger Begriff ist. Aber wie soll man sich da ausdrücken? Jedenfalls bestehen diese Bilder niemals aus physischer Gehirnsubstanz. Sie sind gewoben aus dem gleichen Licht, auf das wir schon zu sprechen kamen als wir vom „Augenlicht" sprachen. Das Gehirn selbst aber ist dazu da, die Fülle der Seelen- und Gedächtnisbilder zu spiegeln.
Wir müssen nun fragen, wie verhilft uns das Gehirn dazu, daß wir Phantasie entwickeln können, daß wir über das bloße Gedächtnisbild hinausgehen und es verändern, ergänzen und verbessern können, wie wir wollen? Wer oder was kommt uns da aus dem Organismus entgegen? Denn die Seele und das Seelenleben brauchen immer, trotz der relativen Selbständigkeit, gewisse körperliche oder physiologische Vorgänge als Grundlage. Wir fragen also, was steht hinter der Phantasiebetätigung, was kommt uns dabei aus dem Leibe zu Hilfe, damit wir im Seeleninnern Phantasiebilder schaffen können? Da kommt uns zu Hilfe dasselbe, was dem Auge hilft, das schöpferische Farben-Nachbild zu schaffen oder den zerstörten Sehpurpur wieder aufzubauen, nämlich die Tatsache, daß das Gehirn durchblutet ist, daß es vom Leben des Blutes durchzogen ist. Sie sehen, das Gehirn allein kann Bilder spiegeln, aber um sie schöpferisch zu verwandeln, braucht die Seele das Leben des Blutes im Nervensystem. Die Kraft, die wir brauchen, um ein Gedächtnis- oder Vorstellungsbild festzuhalten, den inneren Spiegel zu benutzen, das ist die Formkraft des Vorstellens, die Gedächtniskraft, die zugleich einen Teil der Denkkraft bildet. Um jedoch ein Bild zu bewegen, um es umzuschmelzen, brauchen wir etwas ganz anderes. Die bloße Vorstellungskraft, die uns befähigt, ein Bild vor uns hinzuhalten, die genügt da nicht. Um diesen schwierigen Punkt verständlich zu machen, müssen

wir einmal die Betätigung der Hände anschauen. Um z. B. diesen Schwamm vor mich ruhig hinhalten und um ihn festhalten zu können, muß ich meiner Hand eine ganz bestimmte Form geben und sie in ihr gleichsam erstarren lassen. Dazu brauche ich eine kraftvolle Ruhe. Auch innerlich kann ich um so besser ein Bild vor mich hinhalten, also vorstellen, in je größerer Ruhe, in je größerer Stillhaltekraft und Konzentration ich die Sache innerlich nachbilde. Das Gehirn ist überhaupt nur in der Lage, die Vorstellungen uns treu zu spiegeln, weil es diese Ruhe hat als Spiegel, weil seine Windungen sich nicht mehr bewegen und seine tausend Nervenästchen, Zweige und Verästelungen nicht wie die Zweige und Ästchen eines Baumes hin und her gehen, sondern absolut starr sind wie ein Kristallgefüge, wie eine Schneedecke oder wie ein völlig glatter Wasserspiegel. Das müssen wir uns noch einmal zum Bewußtsein bringen. Im Gehirn kommt die Lebenstätigkeit, das pulsierende, bewegliche Leben zu einer größtmöglichen Ruhe. Das Gehirn gibt viel Leben und regsame Lebendigkeit preis, verzichtet darauf; es pflanzen sich auch die Gehirnzellen nicht mehr fort, das alles wird abgestoppt. Wir haben das hier schon einmal geschildert. Das geschieht, damit das Organ ein rechter Spiegel sein kann. Das ist wie bei meiner Hand. Wenn die anfängt sich zu bewegen, dann fällt eben der Schwamm herunter. So würden, wenn das Gehirn sich bewegen würde, alle Gedächtnisbilder sofort verzerrt werden oder versinken. Sie könnten dieselben nicht richtig vor sich hinstellen.

Aber sehen Sie, die Hand hat auch noch eine andere Möglichkeit. Sie kann nämlich diesen Schwamm verändern. Sie kann ihn zusammendrücken und wieder loslassen; sie kann ihn hierhin schieben, hinauf, hinunter; sie kann ihn umformen. Was mache ich da? Da betätige ich meinen Willen. Um etwas zu bewegen, hin und her zu führen, umzuformen, um es zu verändern, brauche ich immer in der Welt die Seelenkraft des Willens, die dann im Arm, in den Muskeln, in der Gliedmaße ihr Instrument hat.

Nun kommen wir immer näher der Frage: was brauchen wir an Seelenkraft, um innerlich das zarte Gedächtnisbild verändern zu können, hin und her schieben zu können, oder um es fallen zu lassen

– das nennen wir vergessen – und ein neues herausholen zu können? Wir brauchen die Seelenkraft des Willens! Das mag Ihnen merkwürdig vorkommen, wenn Sie so das erste Mal hören, daß der Wille sich nicht nur in den Gliedmaßen betätigt, wo man mit dem Hammer einen Nagel einschlagen oder auf einem Amboß Eisen umformen kann. Hier müssen wir sagen: es gibt einen aus der Verhaftung mit dem Leibe herausgelösten, innerlich befreiten Willen! Und der kann wirksam werden, indem er als leibbefreiter Wille innerlich Bilder hin und her schiebt, Bilder bewegt, verändert und umplastiziert. Diese seelische Willenskraft wirkt mit in der Phantasiebetätigung, so wie im reinen Hinhalten des Gedächtnisbildes die Vorstellungskraft lebt.

Wir sind also damit zwei Grundfunktionen unseres Seelenlebens nachgegangen. Wir erleben sie als Gedächtnis und Phantasie. Wir dürfen uns bewußt sein, daß hinter der Vorstellungskraft die Spiegelungsfähigkeit steht und hinter der Phantasie die schöpferische Willenskraft, die uns ermöglicht, seelisch immer umzuformen und neu zu gestalten. Tiefer darunter, im Physiologischen, im Organischen, steht die wunderbare Kristallruhe des Gehirns, wenn wir etwas ruhig, treu vorstellen wollen. Und es steht hinter der inneren Willens- und Phantasiebetätigung die schöpferische Lebenskraft des strömenden, in sich beweglichen, pulsierenden Blutes. Denn so, wie das Gehirn eigentlich erstarren muß, um als Spiegel dienen zu können, so muß eben die Phantasie in sich beweglich sein und sich stützen auf etwas in sich Bewegliches, Fließendes, Strömendes, was selber in der Lage ist, sich fortwährend zu verändern. Das ist das strömende Blut.

*

Wir haben damit eigentlich, verehrte Zuhörer, den ganzen Menschen im Kopfe wiedergefunden. Im Vorstellungsleben wollen wir uns eben doch alle ein möglichst klares Bild von der Welt und von uns selber machen. Dazu brauchen wir den Kopf, dazu brauchen wir die Sinnesorgane und das Gehirn als Spiegel. Aber so, wie wir als ganze Menschen uns nicht nur ein Bild von der Welt machen, sondern in die Welt eingreifen wollen, sie verändern wollen, so daß sie anders wird als sie uns der Kopf spiegelt, so haben wir auch mit dem Kopfe Anteil am Willen, an der schöpferischen Gestaltung. Ebenso wie schon äußerlich der Kopf in der Lage ist, zumindest mit dem Unterkiefer, mit der Zunge – wo er so einen kleinen Rest von Gliedmaßenbetätigung hat – Willensbewegungen auszuführen, hat auch innen drinnen das Seelenleben, das sich mit dem Kopf verbindet, Anteil am entgegengesetzten Pol des Menschen, am schöpferischen Pol des Willenslebens. Wo seelischer Wille im bewußten Bilder-Leben auftaucht, ermöglicht er uns, die Bilder zu bewegen und umzuformen. Sie sehen – auch das Vorstellungsleben ist hineingespannt in eine Gegensätzlichkeit, in eine große innere Spannung, in eine große Polarität.

Nun wollen wir in unserer Betrachtung noch einen Schritt weitergehen. Wir können ja nur sehen mit dem Auge, weil in der Netzhaut ein „Loch" entsteht; auch im Gehirn wird fortwährend Substanz abgebaut, wenn die Vorstellungsbilder entstehen. Denn immer wenn wir vorstellen, wenn wir ein Bild seelisch vor uns hinhalten, entsteht gleichzeitig dabei eine Art Verhärtung, eine feinste Verhärtung, ein wie aus Kristall oder Salz gebildetes organisches Gegenbild im Gehirn. Also, wenn Sie sich seelisch das Viereck vorstellen, bleibt im Gehirnspiegel ein zarter Abdruck zurück, jetzt organisch, körperlich, der uns gewissermaßen das Gehirn versalzt. Er macht das Gehirn noch starrer und lebloser, als es ohnehin schon ist. Sehen Sie, das summiert sich im Laufe des Tages, weil wir ungeheuer viel vorstellen und das Gehirn ungeheuer viel spiegeln muß. So bekommt es immer mehr ab von dieser Versalzung, von dieser Erstarrung, von diesem Gegenprozeß. Das merken wir schließlich als abendliche Ermüdung. Auch das Auge ist nicht in der Lage, allen Abbau, der bei Tage sich da in der Netzhaut usw. abspielt, restlos rückgängig zu machen. Auch da summieren sich langsam die Abbaureste. Und so bleibt im ganzen Sinnesnervensystem ein Rest, bleiben Reste des Abbaues zurück. Diese Versalzungen und Verkrustungen sozusagen, wenn man es grob ausdrückt, fallen schließlich aus dem lebendigen Organzusammenhang heraus, der dadurch in feinster Weise durchsiebt und durchlöchert wird. Dies ist, wie wenn in einer festgefügten

Bretterwand das verhärtete Astholz sich lockert, herausfällt und die Astlöcher übrig bleiben. So ist das Auge abends schwer, der Kopf, das Gehirn ist dumpf, und wir kommen nicht mehr mit uns zurecht. Da müssen wir sagen: ach Blut, du hilfst doch immer, daß die Lochbildung und der Abbau wieder rückgängig gemacht werden; hilf doch einmal dem ganzen Gehirn, die Sache wegzuspülen und wieder aufzubauen mit deinen Lebenskräften. Dann sagt das Blut: ja, liebes Gehirn, das kann ich machen, ich kann dich durchströmen, ich kann dich neu durcharbeiten und auffrischen, aber da mußt du erst einmal die Seele wegschicken, die Spiegelbilder auslöschen und nicht meine Aufbautätigkeit stören. Das Gehirn stimmt zu – und in dem Moment sind wir eingeschlafen! Wenn nämlich der aufbauende Blutprozeß, der in der Netzhaut das Loch wieder stopft, das ganze Sinnes-Nerven-System ergreift, dann schlafen wir ein. Nur so verstehen Sie den Schlaf, der ja ein Phänomen des Nervensystems ist. – Wer schläft denn? Etwa das Herz? Es denkt nicht daran, es arbeitet weiter. Der Magen? Er denkt auch nicht daran; er verdaut weiter. Die Niere, die Leber und alle anderen Organe arbeiten ja nachts weiter. Schlafen tut nur das Sinnes-Nerven-System. Weil es sich tagsüber ruiniert, läßt es sich nachts wieder gesund machen. Man könnte sagen, verehrte Zuhörer, das Sinnes-Nerven-System ist eine Art Dauerpatient! Es wird jeden Tag aufs Neue krank, und jede Nacht muß sich der Mensch in sein Privatsanatorium – Bett genannt – zurückziehen, damit er durch frische Lebenskräfte diesen Patienten wieder gesund machen kann. Sie ahnen schon, wie das kleine Wechselspiel, Abbau des Sehpurpurs – Aufbau des Sehpurpurs, das sich in jedem Moment im Auge abspielt, wenn es den ganzen Menschen ergreift, den großen Wechselrhythmus von Wachen und Schlafen ergibt. Sobald wir erwachen zum bewußten Seelenleben bei Tage im Sinnes-Nerven-System bauen wir physiologisch ab. Schlafend hingegen bauen wir in der Nacht aus der Kraft des Blutes wiederum auf, wobei aber das Blut nicht gestört sein will von unserem Bewußtsein. So sind wir schließlich als ganze Menschen eingespannt mit Wachen und Schlafen in den umfassenden Rhythmus des Aufbaues und des Abbaues, der im Kleinen im Auge sich abspielt, eingespannt in den großen Gegensatz von Nerv und Blut; anders ausgedrückt, in den Gegensatz des oberen Menschen, des Sinnes-Nerven-Menschen, der wachen will und des unteren Menschen, des Stoffwechselmenschen, der ernähren, der aufbauen, der wachsen und sich fortpflanzen will. Also im Schlafe geht etwas wie eine schöpferische, erfrischende Aufbautätigkeit vor sich. Da wird nicht nur ein kleines schöpferisches Nachbild gemacht, da wird der ganze Mensch neu- und nachgebildet. Etwas von dieser großartigen schöpferischen Tätigkeit, die da im Nervensystem sich abspielt, die kann man manchmal wahrnehmen, so wie man manchmal das grüne Nachbild der roten Abendsonne wahrnimmt. Manchmal leuchtet das Geheimnis auf, daß im Schlafe ein wunderbarer Prozeß des Aufbauens, Bildens und Umbildens stattfindet. Dieser Prozeß kommt uns dann so etwas zum Bewußtsein, dieses bildekräftige Aufbauen, und dann sagen wir: „Ich habe heute nacht einen schönen Traum gehabt." Im Traumleben, da wird das Geheimnis offenbar, wie der Schlaf mit ungeheurer Phantasie und Blutskraft, mit unbewußter Willenskraft uns aufbaut. Denn was ist der Traum? Ein riesiges, selbständig gewordenes Spiel der Kräfte der Phantasie in uns. Wenn wir vorhin sagten, wir können so ein wenig ein Quadrat ergänzen, eine Diagonale ziehen, was ist denn das schon, dieses bißchen Phantasiespielen, gegenüber den gewaltigen Phantasiebildern, die der Traum vor uns hinstellt in der ganzen Farbigkeit, in der Wandelbarkeit seiner Bilder, in der Schnelligkeit seiner Abläufe usw.? Und doch, so schön der Traum ist, er hat etwas Chaotisches an sich. Wir sind damit nicht zufrieden, wir wollen trotzdem heraus, wir wollen aufwachen und lieber klar und nüchtern sein und selber kleine, bescheidene Bilder erzeugen und bewegen, als uns traumhaft überfluten zu lassen. Wir wollen schließlich ganz dabei sein, wenn Bilder in uns entstehen. Denn wenn wir nicht richtig dabei wären und die Bilder sich selbständig machten, dann wäre in uns etwas verrutscht, dann wäre etwas verrückt, dann wären wir nicht ganz bei uns, und das wäre natürlich schlimm. Wann sind wir denn ganz bei uns? Dann, wenn wir w a c h sind! Hingegen merkt man am Traume, daß etwas fehlt. Da hat sich die Phantasie selbständig gemacht.

Aber auch das Gedächtnis spielt im Traum eine Rolle. Denn der Traum wäre auch nicht möglich, wenn er nicht dauernd Anleihen machte beim Gedächtnis. Vieles, was Sie im Traume vorstellen, haben Sie ja hergeholt aus dem Gedächtnisschatz. Es sind Erinnerungen, die nicht gezügelt, nicht gelenkt auftauchen und sofort von der Phantasie durcheinandergewirbelt werden. Das ist sehr interessant, sich das einmal klarzumachen, wie Gedächtnis und Phantasie im Traum sich selbständig gemacht haben und eigene Wege gehen, weil wir nicht dabei sind. Sobald wir dabei sind, stellen wir uns sozusagen in die Mitte, nehmen die Zügel in die Hand, und wir sind es dann, die die Bilder ordnen, organisieren, aufrufen und vor allen Dingen die Mitte halten müssen zwischen Gedächtnis und Phantasie. Würden wir da nicht die Mitte halten und uns einseitig auf das Gedächtnis verlassen, dann könnten wir nur die alten Bilder immer wieder, so wie sie sind, wiederholen. Dann würden wir seelisch mumifizieren. Dann würden wir nicht zulassen, daß etwas Neues entsteht, wir wären ganz in die Vergangenheit blickende Menschen, wir würden traditionsgebunden und pedantisch werden. Zugleich aber kämen wir in die Gefahr, uns zu stark an dasjenige zu klammern, was die Welt der Materie über die Sinne hereingespiegelt hat. Wir würden Materialisten werden. Wenn wir aber die Treue des Gedächtnisses mißachten und uns zu sehr in die Ungebundenheit und schillernde Beweglichkeit der Phantasie verlieben, entsteht neues Unheil. Wir verlieren seelisch den Halt, und dann wird die schöne Tätigkeit der Phantasie zur Phantastik. Wir fangen an zu schwärmen und zu schwafeln, und die Bilder werden konturlos und verwaschen, und wir können wiederum kein klares Seelenleben führen. Solche Einseitigkeiten des Vorstellungslebens aber können auf die Dauer die Ursachen abgeben zu ernsten Erkrankungen. Wenn die Menschen aus beruflichen oder anderen Gründen sich angewöhnen, überwiegend kalte, nüchterne, abstrakte, gleichsam blutleere und farblose Gedanken zu bilden oder solche relativ passiv von außen aufzunehmen, übersteigern sie den Abbauprozeß. Das Gehirn droht zu verholzen und zu sklerotisieren. Dagegen kommt der Blutprozeß auf die Dauer nicht mehr auf, besonders wenn der Betreffende schon in der Jugend phantasielose, trockene Lehrer hatte, die seine Gehirnorganisation einseitig belasteten. Der Vorgang wird beschleunigt, wenn der Betreffende später wegen Überarbeitung außerdem zu wenig schläft. Der Kopf wehrt sich zunächst gegen die Verarmung seiner Lebenskräfte im Innern, indem er sie der Peripherie entzieht und frühzeitig ergraut oder es auf sich nimmt, als Kahlkopf herumgetragen zu werden. Greift dieser Prozeß vorzeitiger Alterung aber nach innen aufs Gehirn über, dann wird der Mensch zum „Kindskopf". Er verliert als Gehirnsklerotiker die Gedächtnisfähigkeit, da der Gehirnspiegel erblindet und verkrustet. Wir haben einen solchen schlimmen Krankheitszustand schon in der ersten Betrachtung geschildert. Solche oder ähnliche degenerative Prozesse im Nervensystem werden noch beschleunigt, wenn der Mensch sich angewöhnt oder gezwungen wird, seinen Nerven noch andere überflüssige Abbauprozesse zuzumuten. Dies ist z. B. der Fall, wenn wir das Radio anstellen, ohne bewußt und aufmerksam zuzuhören oder die Reklamebilder in der Straßenbahn unser Auge belästigen, ohne daß sie uns interessieren können.

Alle Sinneseindrücke, welche wir nicht wachbewußt empfangen und interessiert verarbeiten, machen uns nervös und bauen unser Nervensystem zusätzlich ab. Sie zerstreuen gleichsam innerlich unsere Seelenkräfte. Der Organismus wird dadurch immer unfähiger, dem überwiegenden, nicht recht dirigierten Nervenprozeß den aufbauenden Blutprozeß entgegen zu senden. So entsteht gleichzeitig auch die Neigung zur Schlaflosigkeit, die in unserer Zivilisation wie eine Epidemie um sich greift.

*

Um das Nervensystem gesund zu erhalten, genügt aber nicht nur ein ausreichender Schlaf und eine richtige Ernährung. Aus unserer Betrachtung geht hervor, daß wir auch das seelische Leben, insbesondere das bewußte Vorstellungsleben in entsprechender Weise pflegen müssen. Dies geschieht vor allem, wenn wir das Gedächtnis und die Phantasie in gleicher Weise entwickeln und die entgegengesetzten Seiten ihres Wesens immer wieder gegeneinander abwägen und har-

monisch verbinden, wie es das Herz bezüglich der Polarität des ganzen Organismus tut. Dazu bedarf es einer aktiven dritten Kraft, gewissermaßen des Herzstücks in unserem Bewußtsein, die wir jetzt aufsuchen wollen.
Zeichnen wir dazu nochmals ein gleichseitiges Viereck, ein Quadrat. (Abb. 6.) Mit Hilfe der Phantasiebeweglichkeit, die wir jetzt nicht

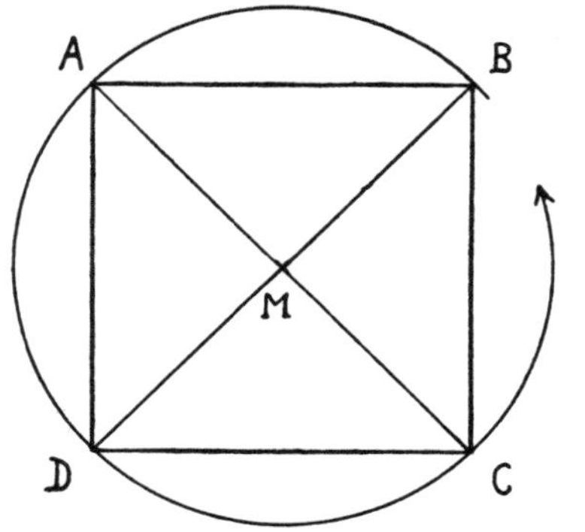

Abb. 6

unbeschränkt walten lassen, sondern der Figur einordnen, verbinden wir die vier Ecken durch zwei neue Linien, die Diagonalen a und b. Diese überschneiden sich in einem neuen fünften Punkt M. Was ist das für ein Punkt? Um ihn gruppieren sich vier rechtwinklige, gleichschenklige Dreiecke, die offensichtlich alle gleich groß sind. Wir entdecken, daß sich ein Quadrat aus vier gleich großen Dreiecken zusammensetzen läßt. Da ihre Schenkelseiten alle gleich groß sind, ist Punkt M von allen vier Ecken des Quadrats gleich weit entfernt. Es geht uns auf, daß M der Mittelpunkt des Quadrates ist. – Jetzt holen wir aus unserem Gedächtnisschatz die Vorstellung eines Kreises heraus und bemerken, daß wir mit ihm in unserer Phantasie das Quadrat genau umschließen können, falls sein Radius der Größe der Dreieckschenkelseite oder einer halben Diagonale entspricht. Sein Mittelpunkt ist mit dem Mittelpunkt des Quadrats identisch. Jedem Quadrat läßt sich demnach ein entsprechender Kreis um-

schreiben. Kompliziertere geometrische Operationen wollen wir jetzt nicht ausführen.
Sie sehen schon, da hat sich die Phantasie betätigt und es hat sich das Gedächtnis beteiligt – beide jedoch unter einer strengen Führung. Und so ist etwas ganz Neues entstanden in den gewonnenen Einsichten über das Verhältnis der Figuren und Linien zueinander. Was machen wir eigentlich, wenn wir so mit den Bildern umgehen und sie ineinanderführen? Dann denken wir, dann gewinnen wir Gedanken! Und wenn Sie mich fragen: Wer ist das, der zwischen Phantasie und Gedächtnis, zwischen exaktem Nachbilden und beweglich-freiem Umbilden die Mitte hält, damit wir nicht chaotisch traumhaft durchs Leben gehen? – So muß ich Ihnen sagen, das ist, wie jeder in sich erfahren kann, die Kraft des Denkens. Von ihr sagt Mephisto, sie ist das Himmelslicht im Menschen, er nennt's Vernunft. Selbst Mephisto weiß, daß darin der innerste Wesenskern des Menschen als sein unsterblicher, göttlicher Funke aufleuchtet. Ja! Himmelslicht wird in uns wirksam, wenn wir denken. Es läßt in uns die Zusammenhänge der Dinge aufleuchten. Die vorher dunklen Dinge werden uns klar und offenbaren sich von einer neuen Seite. Das Denken gibt allen Bildern unserer Seele einen neuen Glanz und eine innere Struktur, wie wir das bei unserem Viereck erlebt haben.
Denkend klären wir uns über das wahre Wesen der Welt auf und sehen ihre Gesetzmäßigkeiten ein. In der Tat begabt das Denken unser Ich mit einem inneren, geistigen Auge. Mit ihm gewinnen wir Einsichten innerlich, so wie wir Ausblicke und Aussichten mit dem äußeren Auge gewinnen. Von der Klarheit und Aktivität des geistigen Auges hängt die Weite unseres inneren Horizontes ab. Und wie das äußere Sehen sich auf die Netzhaut und die Aderhaut stützt, so stützt sich leiblich das Denken als inneres Schauen auf den Nervenspiegel und den Blutprozeß im Gehirn. (Abb. 7.) Dabei verbindet es sich mit der Gedächtniskraft und der Phantasiebetätigung und schlägt über ihren abgrundtiefen Gegensatz eine hohe Bogenbrücke, welche in das Reich des Geistes emporreicht. Auf ihr tritt uns unser Ichwesen als innerer Führer entgegen, welcher allein in der Lage ist, den goldenen Mittelweg, den wir in diesen Betrachtungen im Den-

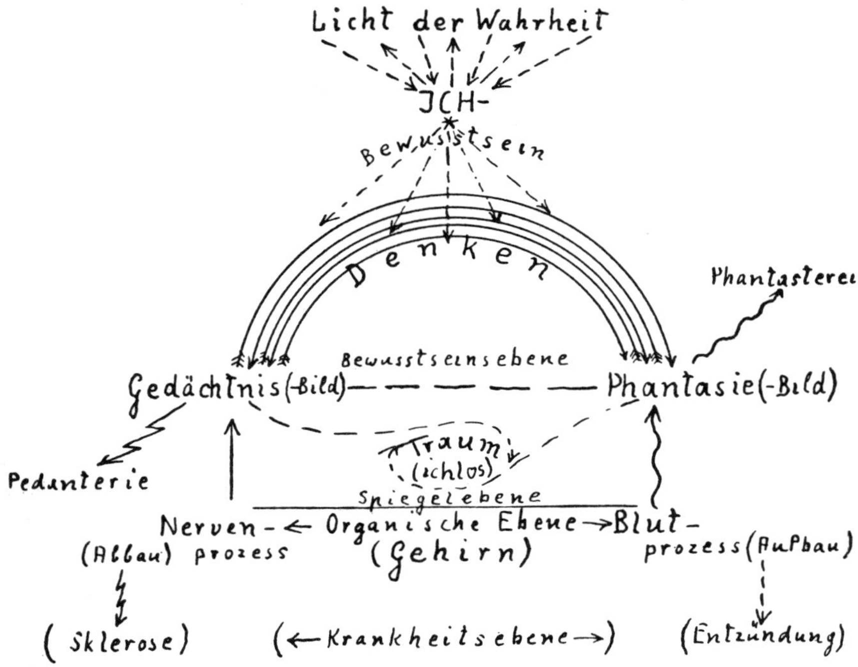

Abb. 7. Schema der Gehirnfunktion.

ken, Fühlen und Wollen gesucht haben, zu finden. Ein klares, lebendiges Denken, das sich selbstlos und mutig dem Geiste hingibt, ist aber zugleich ein bis ins Leibliche gesundender Faktor unseres Seelenlebens.

Wir sind damit, verehrte Zuhörer, am Abschluß unserer Betrachtungen angelangt und möchten die heutige Werkstunde kurz zusammenfassen: Wir verwurzeln uns mit der Seele, wenn wir wahrnehmen, in der Stoffeswelt des Leibes, in der Sinnenwelt des Stoffes. Erinnernd und phantasierend aber lebt und sprießt die Seele in ihrer eigenen, subjektiven Innenwelt und webt darinnen hin und her. Vertraut sie hierbei der Kraft des Denkens, dann öffnet sie sich selbstbewußt der Welt des Geistes und erblüht im Lichte der Wahrheit. In diesem Sinne leben wir alle in vielfältiger Weise im Lichte der Welt: Mit den Sinnestoren öffnen wir uns dem Lichte der Außenwelt, innen öffnen wir uns dem Lichte des Geistes und dazwischen webt unser Seelenlicht in der Farbigkeit von Erinnerung und Phantasie, so daß wir mit dem Türmer in Goethes Faust sagen können: Wir sind alle:

> Zum Sehen geboren,
> Zum Schauen bestellt,
> Dem Turme geschworen,
> Gefällt uns die Welt.

Aber diese Welt ist eine äußere und eine innere Welt. Wir haben heute zum Abschluß dieser Betrachtungen den schwierigen Versuch gemacht, in diese innere Welt tiefer hineinzublicken und uns dabei als Bürger zweier Welten kennen gelernt.

SOZIALHYGIENISCHE SCHRIFTENREIHE

Herausgegeben vom Verein für ein erweitertes Heilwesen, Bad Liebenzell

1 Walter Bühler
Der Leib als Instrument der Seele
in Gesundheit und Krankheit.
5. Auflage, 87 Seiten, kartoniert

2 Werner Christian Simonis
Taschenbuch der häuslichen Krankenpflege
3. Auflage, 103 Seiten, kartoniert

3. Werner Christian Simonis
Korn und Brot
159 Seiten, kartoniert

4 Werner Christian Simonis
Genuß aus dem Gift?
Herkunft und Wirkung von Kaffee, Tee, Kakao, Tabak, Alkohol und Haschisch.
2. Auflage, 136 Seiten mit Abbildungen, kartoniert

5 Werner Christian Simonis
Wolle und Seide
Der Mensch als Wärmewesen
Bekleidungshygienische Betrachtungen
2. Auflage, 80 Seiten, 8 Fototafeln, kartoniert

6 **Soziale Hygiene**
Seelisch-geistige Selbsthilfe im Zeitalter der Lebenserkränkung.
2. Auflage, 240 Seiten kartoniert

7 Udo Renzenbrink
Ernährung unserer Kinder
Gesundes Wachstum - Konzentration - Soziales Verhalten - Willensbildung
2. Auflage, 203 Seiten, kartoniert

8 **Mit Kindern leben**
Zur Praxis der körperlichen und seelischen Gesundheitspflege
ca. 240 Seiten, kartoniert

VERLAG FREIES GEISTESLEBEN